किष्किन्धाकाण्ड और बालकाण्ड रामायण

विवेक कुमार पांडे शंभुनाथ

ISBN 979-888591726-1

क्रम-सूची

प्रस्तावना

इस किताब में किष्किन्धाकाण्ड और बालकाण्ड रामायण दिया गया है जैसे राम, लक्ष्मण,भरत, शत्रुघ्न का जन्म,धनुष भंग, राम विवाह,राम सुग्रीव मैत्री,वालि वध . इस किताब को लिखने के दौरान कोई भी धर्म और कोई भी जाती एवम किसी भी परिवार के सदस्य को नुकसान नहीं पहुंचा या गया है। इस किताब को लिखा है श्री विवेक कुमार पांडे शंभुनाथ जी ने।

भूमिका

मेरा नाम विवेक कुमार पांडे है और मैं एक लेखक हु , मैं गुजरात के सुरत में निवास करता हूं.मेरा जन्म ३० सेप्टेंबर को २००२ में हुआ था, और मुझे बचपन से एक्टर बनने का सोख रहा है और अभी भी है.। मैं कभी ये नहीं सोचता की लोग क्या कर रहे हैं मैं ये सोचता हूं कि मैं क्या कर रहा हूं, मैं आज सफल हूं तो अपने पापा की वजह से आज वो रहते तो उन्हें बहुत खुशी होती , वो सदा और हमेशा मेरे साथ रहेंगे.।

1

किष्किन्धाकाण्ड रामायण

किष्किन्धाकाण्ड

- पम्पासर में राम हनुमान भेंट

कमल, उत्पल तथा मत्स्यों से परिपूर्ण पम्पा सरोवर के पास पहुँचने पर वहाँ के रमणीय दृश्यों को देख कर राम को फिर सीता का स्मरण हो आया और वे पुनः विलाप करने लगे।

उन्होंने लक्ष्मण से कहा, "हे सौमित्र! इस पम्पा सरोवर का जल वैदूर्यमणि के समान स्वच्छ एव श्याम है। इसमें खिले हुये कमल पुष्प और क्रीड़ा करते हुये जल पक्षी कैसे सुशोभित हो रहे हैं! चैत्र माह ने वृक्षों को पल्लवित कर फूलों और फलों से समृद्ध कर दिया है। चारों ओर मनोहर सुगन्ध बिखर रही है। यदि आज सीता भी अपने साथ होती तो इस दृश्य को देख कर उसका हृदय कितना प्रफुल्लित होता। ऐसा प्रतीत होता है कि वसन्तरूपी अग्नि मुझे जलाकर भस्म कर देगी। हा सीते! तुम न जाने किस दशा में रो-रो कर अपना समय बिता रही होगी। मैं कितना अभागा हूँ कि तुम्हें अपने साथ वन में ले आया, परन्तु तुम्हारी रक्षा न कर सका। हा! पर्वत-शिखरों पर नृत्य करते हुये मोरों के साथ कामातुर हुई मोरनियाँ कैसा नृत्य कर रहीं हैं। हे लक्ष्मण! जिस स्थान पर सीता होगी, यदि वहाँ भी इसी प्रकार वसन्त खिला होगा तो वह उसके विरह-विदग्ध हृदय को कितनी पीड़ा पहुँचा रहा होगा। वह अवश्य ही मेरे वियोग में रो-रो कर अपने प्राण दे रही होगी। मैं जानता हूँ, वह मेरे बिना पानी से बाहर निकली हुई मछली की भाँति तड़प रही होगी। उसकी वही दशा हो रही होगी जो आज मेरी हो रही है, अपितु मुझसे अधिक ही होगी क्योंकि स्त्रियाँ पुरुषों से अधिक भावुक और कोमल होती हैं। यह सम्पूर्ण दृश्य इतना मनोरम है कि यदि सीता मेरे साथ होती तो इस स्थान को छोड़ कर मैं कभी अयोध्या न जाता। सदैव उसके साथ यहीं रमण करता। किन्तु यह तो मेरा स्वप्नमात्र है। आज तो यह अभागा प्यारी सीता के वियोग में वनों में मारा-मारा फिर रहा है। जिस सीता ने मेरे लिये महलों के सुखों का परित्याग किया, मैं उसीकी वन

में रक्षा नहीं कर सका। मैं कैसे यह जीवन धारण करूँ? मैं अयोध्या जा कर किसी को क्या बताऊँगा? माता कौसल्या को क्या उत्तर दूँगा? मुझे कुछ सुझाई नहीं देता। मैं इस विपत्ति के पहाड़ के नीचे दबा जा रहा हूँ। मुझे इस विपत्ति से छुटकारे का कोई उपाय नहीं सूझ रहा है। मैं यहीं पम्पासर में डूब कर अपने प्राण दे दूँगा। भाई लक्ष्मण! तुम अभी अयोध्या लौट जाओ। मैं अब जनकनन्दिनी सीता के बिना जीवित नहीं रह सकता।"

बड़े भाई की यह दशा देख कर लक्ष्मण बोले, "हे पुरुषोत्तम राम! आप शोक न करें। हे तात रघुनन्दन! आप यदि रावण पाताल में या उससे भी अधिक दूर चला जाये तो भी वह अब किसी भी तरह से जीवित नहीं रह सकता। आप पहले उस पापी राक्षस का पता लगाइये। फिर वह सीता को वापस करेगा या अपने प्राणों से हाथ धो बैठेगा। आप तो अत्यन्त धैर्यवान पुरुष हैं। आपको ऐसी विपत्ति में सदैव धैर्य रखना चाहिये। हम लोग अपने धैर्य, उत्साह और पुरुषार्थ के बल पर ही रावण को परास्त कर के सीता को मुक्त करा सकेंगे। आप धैर्य धारण करें।"

लक्ष्मण के इस प्रकार से समझाने पर अत्यन्त सन्तप्त राम ने शोक और मोह का परित्याग कर के धैर्य धारण किया। वे पम्पा सरोवर को लाँघ कर आगे बढ़े।

चलते-चलते जब वे ऋष्यमूक पर्वत के निकट पहुँचे तो अपने साथियों के साथ उस पर्वत पर विचरण करने वाले बलवान वानरराज सुग्रीव ने इन दोनों तेजस्वी युवकों को देखा।

इन्हें देख कर सुग्रीव के मन में शंका हुई और उन्होंने अपने मन्त्रियों से कहा, "निश्चय ही वालि ने इन दोनों धनुर्धारी वीरों को छद्मवेश में भेजा है।"

भयभीत होकर सुग्रीव अपने मन्त्रियों के साथ ऋष्यमूक पर्वत के शिखर चले गये।

सुग्रीव को इस प्रकार चिन्तित देख कर वाक्पटु हनुमान बोले, "हे वानराधिपते! वालि तो शापवश यहाँ आ ही नहीं सकता, आप सहसा ऐसे चिन्तित क्यों हो रहे हैं?"

हनुमान के प्रश्न को सुन कर सुग्रीव बोले, "मुझे ऐसा प्रतीत होता है कि ये दोनों पुरुष वालि के भेजे हये गुप्तचर हैं और तपस्वियों का भेष धारण कर के हमारी खोज में आये हैं। हमें इनकी ओर से निश्चिन्त नहीं होना चाहिये। हनुमान! तुम वेष बदल कर इनके पास जाओ और इनका सम्पूर्ण भेद ज्ञात करो। यदि मेरा सन्देह ठीक हो तो शीघ्र इस विषय में कुछ करना।"

सुग्रीव का निर्देश पा कर हनुमान भिक्षु का भेष धारण कर राम-लक्ष्मण के पास पहुँचे। उन दोनों को प्रणाम करके वे अत्यन्त विनीत एवं मृदु वाणी में बोले, "हे वीरों! आप दोनों सत्यपराक्रमी एवं देवताओं के समान प्रभावशाली जान पड़ते हैं। आप लोग इस वन्य प्रदेश में किसलिये आये हैं? आपके अंगों की कान्ति सुवर्ण के समान प्रकाशित हो रही है। आपकी विशाल भुजाओं और वीर वेश को देख कर ऐसा प्रतीत होता है कि आप इन्द्र को भी परास्त करने की क्षमता रखते हैं, परन्तु फिर भी आपका मुखमण्डल कुम्हलाया हुआ है और आप ठण्डी साँसें भर रहे हैं। इसका क्या कारण है? कृपया आप अपना परिचय दीजिये। आप इस प्रकार मौन क्यों हैं? यहाँ पर्वत पर वानरश्रेष्ठ सुग्रीव रहते हैं। उनके भाई वालि ने उन्हें घर

से निकाल दिया है। वानरशिरोमणि सुग्रीव आप दोनों से मित्रता करना चाहते हैं। उन्हीं की आज्ञा से मैं आपका परिचय प्राप्त करने के लिये यहाँ आया हूँ। मैं वायुदेवता का पुत्र हूँ और मेरा नाम हनुमान है। मैं भी वानर जाति का हूँ। अब आप कृपया अपना परिचय दीजिये। मैं सुग्रीव का मन्त्री हूँ और इच्छानुकूल वेष बदलने की क्षमता रखता हूँ। मैंने आपको सब कुछ बता दिया है। आशा है आप भी अपना परिचय दे कर मुझे कृतार्थ करेंगे और वन में पधारने का कारण बतायेंगे।"

हनुमान की चतुराई भरी स्पष्ट बातों को सुन कर राम ने लक्ष्मण से कहा, "हे सौमित्र! इनकी बातों से मुझे पूर्ण विश्वास हो गया है कि ये महामनस्वी वानरराज सुग्रीव के सचिव हैं और उन्हीं के हित के लिये यहाँ आये हैं। इसलिये तुम निर्भय हो कर इन्हें सब कुछ बता दो।"

राम की आज्ञा पा कर लक्ष्मण हनुमान से बोले, "हे वानरश्रेष्ठ! सुग्रीव के गुणों से हम परिचित हो चुके हैं। हम उन्हें ही खोजते हुये यहाँ तक आये हैं। आप सुग्रीव के कथनानुसार जब मैत्री की बात चला रहे हैं वह हमें स्वीकार है। हम अयोध्यापति महाराज दशरथ के पुत्र हैं। ये श्री रामचन्द्र जी उनके ज्येष्ठ पुत्र और मैं इनका छोटा भाई लक्ष्मण हूँ। चौदह वर्ष का वनवास पाकर ये वन में रहने के लिये अपनी धर्मपत्नी सीता और मेरे साथ आये थे। रावण ने सीता जी का हरण कर लिया है। इसी विचार से कि सम्भवतः वे हमारी सहायता कर सकें, हम लोग महाराज सुग्रीव के पास आये हैं। हे वानरराज! जिस चक्रवर्ती सम्राट दशरथ के चरणों में सम्पूर्ण भूमण्डल के राजा-महाराजा सिर झुकाते थे और उनके शरणागत होते थे, उन्हीं महाराज के ज्येष्ठ पुत्र आज समय के फेर से सुग्रीव की शरण में आये हैं। ताकि महाराज सुग्रीव अपने दलबल सहित इनकी सहायता करें।"

इतना कहते हुये लक्ष्मण का कण्ठ अवरुद्ध हो गया।

लक्ष्मण के वचन सुन कर हनुमान बोले, "हे लक्ष्मण! आप लोगो के आगमन से आज हमारा देश पवित्र हुआ। हम लोग आपके दर्शनों से कृतार्थ हुये। जिस प्रकार आप लोग विपत्ति में हैं, उसी प्रकार सुग्रीव पर भी विपत्ति की घटाएँ छाई हुई हैं। वालि ने उनकी पत्नी का हरण कर लिया है तथा उन्हें राज्य से निकाल दिया है। इसीलिये वे इस पर्वत पर निर्जन स्थान में निवास करते हैं। फिर भी मैं आपको विश्वास दिलाता हूँ कि वे सब प्रकार से आपकी सहायता करेंगे।" इतना कह कर हनुमान बड़े आदर से रामचन्द्र और लक्ष्मण को सुग्रीव के पास ले गये।

• राम-सुग्रीव मैत्री

हनुमान अपने साथ राम और लक्ष्मण को लेकर किष्किन्धा पर्वत के मलय शिखर पर, जहाँ पर कि सुग्रीव अपने अन्य मन्त्रियों के साथ बैठे थे, ले गये। सुग्रीव से दोनों भाइयों का परिचय कराते हुये हनुमान ने कहा, "हे महाप्राज्ञ! अयोध्या के महाराज दशरथ के ज्येष्ठ पुत्र महापराक्रमी श्री रामचन्द्र जी अपने अनुज लक्ष्मण जी के साथ यहाँ पधारे हैं। इनके

पंचवटी में निवासकाल में इनकी पत्नी सीता जी को लंका का राजा रावण चुरा ले गया। उन्हीं की खोज के लिये ये आपकी सहायता चाहते हैं। ये आपसे मित्रता करने की इच्छा रखते हैं। आपको इनकी मित्रता स्वीकार कर इनका यथोचित सत्कार करना चाहिये क्योंकि ये बड़े गुणवान, पराक्रमी और धर्मात्मा हैं। ये दोनों हमारे लिये परम पूजनीय हैं।"

राम और लक्ष्मण का परिचय पाकर प्रसन्नचित्त सुग्रीव बोले, "हे प्रभो! आप धर्मज्ञ, परम तपस्वी और सब पर दया करने वाले हैं। आप नर होकर भी मुझ वानर से मित्रता कर रहे हैं यह मेरा परम सौभाग्य है। आपकी मित्रता से मुझे ही उत्तम लाभ होगा। मेरा हाथ आपकी मैत्री के लिये फैला हुआ है, आप इसे अपने हाथ में लेकर परस्पर मैत्री का अटूट सम्बन्ध बना दें।"

सुग्रीव के वचन सुन कर राम ने अत्यन्त प्रसन्न होकर सुग्रीव के हाथ को अपने हाथ में लिया फिर प्रेमपूर्वक सुग्रीव को छाती से लगा लिया।

हनुमान ने भिक्षुरूप त्याग कर अग्नि प्रज्वलित की। राम और सुग्रीव ने अग्नि की प्रदक्षिणा कर मैत्री की शपथ ली और दोनों एक दूसरे के मित्र बन गये।

इसके पश्चात् राम और सुग्रीव अपने-अपने आसनों पर बैठ कर परस्पर वार्तालाप करने लगे। सुग्रीव ने कहा, "हे राम! मेरे ज्येष्ठ भ्राता वालि ने मुझे घर से निकाल कर मेरी पत्नी का अपहरण कर लिया है और मेरा राज्य भी मुझसे छीन लिया है। वह अत्यधिक शक्तिशाली है। मैं उससे भयभीत हो कर ऋष्यमूक पर्वत के इस मलयगिरि प्रखण्ड में निवास कर रहा हूँ। आप अत्यन्त पराक्रमी और तेजस्वी हैं। आप मुझे अभय दान देकर वालि के भय से मुक्त करें।"

सुग्रीव के दीन वचन सुन कर राम बोले, "हे सुग्रीव! मित्र तो उपकाररूप फल देने वाला होता है, मैं अपने तीक्ष्ण बाणों से तुम्हारी पत्नी के हरण करने वाले वालि का वध कर दूँगा। अब तुम उसे मरा हुआ ही समझो।"

सुग्रीव ने प्रसन्नतापूर्वक कहा, "हे राम! मेरे मन्त्रियों में श्रेष्ठ सचिव हनुमान मुझे आपकी विपत्ति की सम्पूर्ण कथा बता चुके हैं। आपकी पत्नी सीता आकाश या पाताल में कहीं भी हो, मैं अवश्य उनका पता लगवाऊँगा। रावण तो क्या, इन्द्र आदि देवता भी सीता को मेरे वानरों की दृष्टि से छिपा कर नहीं रख सकते। राघव! कुछ ही दिनों पूर्व एक राक्षस एक स्त्री को लिये जा रहा था। उस समय हम इसी पर्वत पर बैठे थे। तब हमने उस स्त्री के मुख से 'हा राम! हा लक्ष्मण!' शब्द सुने थे। मेरा अनुमान है कि वह सीता ही थी। उसे मैं भली-भाँति देख नहीं पाया। हमें बैठे देख कर उसने कुछ वस्त्राभूषण नीचे फेंके थे। वे हमारे पास सुरक्षित रखे हैं। आप उन्हें पहचान कर देखिये, क्या वे सीता जी के ही है।"

यह कह कर सुग्रीव ने एक वानर को वस्त्राभूषणों को लाने की आज्ञा दी। उन वस्त्राभूषणों को देखते ही राम का धीरज जाता रहा। वे नेत्रों से अश्रु बहाते हुये शोकविह्वल हो गये और धैर्य छोड़ कर पृथ्वी पर गिर पड़े।

चेतना लौटने पर वे लक्ष्मण से बोले, "हे लक्ष्मण! सीता के इन आभूषणों को पहचानो। राक्षस के द्वारा हरे जाने पर सीता ने इन आभूषणों पृथ्वी पर गिरा दिया होगा।"

लक्ष्मण ने कहा, "भैया! इन आभूषणों में से न तो मैं हाथों के कंकणों को पहचानता हूँ, न गले के हार को और न ही मस्तक के किसी अन्य आभूषणों को पहचानता हूँ। क्योंकि मैंने आज तक सीता जी के हाथों और मुख की ओर कभी दृष्टि नहीं डाली। हाँ, उनके चरणों की नित्य वन्दना करता रहा हूँ इसलिये इन नूपुरों को अवश्य पहचानता हूँ, ये वास्तव में उन्हीं के हैं।"

• राम-सुग्रीव वार्तालाप

राम ने सुग्रीव से कहा, "हे सुग्रीव! मुझे बताओ कि वह भयंकर रूपधारी राक्षस मेरी प्राणेश्वरी सीता को लेकर किस दिशा में गया है? तुम शीघ्र पता लगाओं कि वह राक्षस कहाँ रहता है? वानरराज! धोखे में डालकर और मेरा अपमान करके मेरी प्रियतमा को अपहरण करने वाला वह निशाचर मेरा घोर शत्रु है। मैं आज ही उसका वध कर के सीता को मुक्त कराउँगा।"

राम के शोक से पीड़ित वचन को सुन कर सुग्रीव ने उन्हें आश्वासन दिया, "हे राम! मैं नीचकुल में उत्पन्न उस पापात्मा राक्षस की शक्ति और गुप्त स्थान से परिचित नहीं हूँ किन्तु मैं आपको विश्वास दिलाता हूँ कि मैं शीघ्र ही ऐसा यत्न करूँगा कि मिथिलेशकुमारी सीता आपको मिल जायें। अतः आप धैर्य धारण करें। इस प्रकार से व्याकुल होना व्यर्थ है। व्याकुल होने पर मनुष्य की बुद्धि गम्भीर नहीं रह पाती। आपको इस प्रकार से अधीर होना शोभा नहीं देता। मुझे भी पत्नी के विरह का महान कष्ट प्राप्त हुआ है तथापि मैं पत्नी के लिये निरन्तर शोक नहीं करता। जब मैं वानर होकर धैर्य धारण कर सकता हूँ तो आप तो नर हैं, महात्मा हैं, सुशिक्षित हैं, आप मुझसे भी अधिक धैर्य धारण कर सकते हैं। मैं आपको उपदेश नहीं दे रहा हूँ, सिर्फ मित्रता के नाते आपके हित में सलाह दे रहा हूँ।"

सुग्रीव की बात सुन कर राम नेत्रों से अश्रु पोंछ कर बोले, "हे वानरेश! तुमने वही किया है जो एक स्नेही और हितैषी मित्र को करना चाहिये। तुम्हारा कार्य सर्वथा उचित है। सखे! तुम्हारे इस आश्वासन ने मेरी चिन्ता को दूर करके मुझे स्वस्थ बना दिया है। तुम जैसे स्नेही मित्र बहुत कम मिलते हैं। तुम सीता का पता लगाने में मेरी सहायता करो और मैं तुम्हारे सामने ही दुष्ट वालि का वध करूँगा। उसके विषय में तुम मुझे सारी बातें बताओ। विश्वास करो, वालि मेरे हाथों से नहीं बच सकता।"

राम की प्रतिज्ञा से सन्तुष्ट हो कर सुग्रीव बोले, "हे रघुकुलमणि! वालि ने मेरा राज्य और मेरी प्यारी पत्नी मुझसे छीन ली है। अब वह दिन रात मुझे मारने का उपाय सोचा करता है। उसके भय के कारण ही मैं इस पर्वत पर निवास करता हूँ। उससे ही भयभीत होकर मेरे सब साथी एक एक-करके मेरा साथ छोड़ गये हैं। अब ये केवल चार मित्र मेरे साथ रह गये हैं।

वालि अत्यन्त बलवान है। उसके भय से मेरे प्राण सूख रहे हैं। बह इतना बलवान है कि उसने दुंदुभि नामक बलिष्ठ राक्षस को देखते देखते मार डाला। जब वह साल के वृक्ष को अपनी भुजाओं में भर कर झकझोरता है तो उसके सारे पत्ते झड़ जाते हैं। उसके असाधारण बल को देख कर मुझे संशय होता है कि आप उसे मार पायेंगे।"

सुग्रीव की आशंका को सुन कर लक्ष्मण ने मुस्कराते हुये कहा, "हे सुग्रीव! तुम्हें इस बात का विश्वास कैसे होगा कि श्री रामचन्द्र जी वालि को मार सकेंगे?"

यह सुन कर सुग्रीव बोला, " सामने जो साल के सात वृक्ष खड़े हैं उन सातों को एक-एक करके वालि ने बींधा है, यदि राम इनमें से एक को भी बींध दें तो मुझे आशा बँध जायेगी। ऐसी बात नहीं है कि मुझे राम की शक्ति पर पूर्ण विश्वास नहीं है किन्तु मैं केवल वालि से भयभीत होने के कारण ही ऐसा कह रहा हूँ।"

सुग्रीव के ऐसा कहने पर राम ने धनुष पर प्रत्यंचा चढ़ाई और बाण छोड़ दिया, जिसने भीषण टंकार करते हुये एक साथ सातों साल वृक्षों को और पर्वत शिखर को भी बींध डाला।

राम के इस पराक्रम को देख कर सुग्रीव विस्मित रह गया और उनकी भूरि-भूरि प्रशंसा करते हुए बोला, "प्रभो! वालि को मार कर आप मुझे अवश्य ही निश्चिन्त कर दें।"

- वालि-वध

तदन्तर वे सब लोग वालि की राजधानी किष्किन्धापुरी में गये। वहाँ पहुँच कर राम एक गहन वन में ठहर गये और सुग्रीव से कहा, "तुम वालि को युद्ध के लिये ललकारो और निर्भय हो कर युद्ध करो।"

राम के वचनों से उत्साहित हो कर सुग्रीव ने वालि को युद्ध करने के लिये ललकारा। सुग्रीव के इस सिंहनाद को सुन कर वालि को अत्यन्त क्रोध आया। क्रोधित वालि आँधी के वेग से बाहर आया और सुग्रीव पर टूट पड़ा। वालि और सुग्रीव में भयंकर युद्ध छिड़ गया। उन्मत्त हुये दोनों भाई एक दूसरे पर घूंसों और लातों से प्रहार करने लगे। श्री रामचन्द्र जी ने वालि को मारने कि लिये अपना धनुष सँभाला परन्तु दोनों का आकार एवं आकृति एक समान होने के कारण वे सुग्रीव और वालि में भेद न कर सके। इसलिये उन्होंने बाण छोड़ना स्थगित कर दिया। वालि की मार न सह सकने के कारण सुग्रीव ऋष्यमूक पर्वत की ओर भागा। राम लक्ष्मण तथा अन्य वानरों के साथ सुग्रीव के पास पहुँचे। राम को सम्मुख पा कर उसने उलाहना देते हुये कहा, "मुझे युद्ध के लिये भेज कर आप पिटने का तमाशा देखते रहे। बताइये आपने ऐसा क्यों किया? यदि आपको मेरी सहायता नहीं करनी थी तो मुझसे पहले ही स्पष्ट कह देना चाहिये था कि मैं वालि को नहीं मारूँगा, मैं उसके पास जाता ही नहीं।"

सुग्रीव के क्रुद्ध शब्द सुन कर रामचन्द्र ने बड़ी नम्रता से कहा, "सुग्रीव! क्रोध त्यागो और मेरी बात सुनो। तुम दोनों भाई रंग-रूप, आकार, गति और आकृतियों में एक समान हो अतः मैं तुम दोनों में अन्तर नहीं कर सका और मैंने बाण नहीं छोड़ा। यदि मेरा बाण वालि को

लगने के स्थान पर तुम्हें लग जाता तो मैं जीवन भर किसी को मुख दिखाने लायक नहीं रहता। वानरेश्वर! अपनी पहचान के लिये तुम कोई चिह्न धारण कर लो जिससे मैं तुम्हें पहचान लूँ और फिर से युद्ध के लिये जाओ।"

इतना कहकर वे लक्ष्मण से बोले, "हे लक्ष्मण! यह उत्तम लक्षणों से युक्त गजपुष्पी लता फूल रहे है। इसे उखाड़ कर महामना सुग्रीव के गले में पहना दो।"

लक्ष्मण ने वैसा ही किया और सुग्रीव फिर से युद्ध करने चला।

इस बार सुग्रीव ने दूने उत्साह से सिंहनाद करते हुये घोर गर्जना की जिसे सुन कर वालि आँधी के वेग से बाहर की ओर दौड़ने को उद्यत हुआ। किन्तु उसकी पत्नी तारा ने भयभीत होकर वालि को रोकते हुये कहा, "हे वीरश्रेष्ठ! अभी आप का युद्ध के लिये जाना श्रेयस्कर नहीं है। सुग्रीव एक बार मार खा कर भाग जाने के पश्चात् फिर युद्ध करने के लिये लौटा है। इससे मेरे मन में शंका उत्पन्न हो रही है। ऐसा प्रतीत होता है कि उसे कोई प्रबल सहायक मिल गया है और वह ऊसीके बल पर आपको ललकार रहा है। मुझे कुमार अंगद से सूचना मिल चुकी है कि अयोध्या के अजेय राजकुमारों राम और लक्ष्मण के साथ उसकी मैत्री हो गई है। सम्भव है वे ही उसकी सहायता कर रहे हों। राम के पराक्रम के विषय में तो मैंने भी सुना है। वे शत्रुओं को देखते-देखते धराशायी कर देते हैं। यदि वे स्वयं सुग्रीव की सहायता कर रहे हैं तो उनसे लड़ कर आपका जीवित रहना कठिन है। इसलिये उचित यही है कि इस अवसर पर आप बैर छोड़ कर सुग्रीव से मित्रता कर लीजिये। उसे युवराज पद दे दीजिये। वह आपका छोटा भाई है और इस संसार में भाई के समान हितू कोई दूसरा नहीं होता। उससे इस समय मैत्री करने में ही आपका कल्याण है।"

तारा के इस प्रकार समझाने वालि ने कहा, "वराननें! मैं सुग्रीव की ललकार को सुन कर कायरों की भाँति घर में छिप कर नहीं बैठ सकता और न ललकारने वाले से भयभीत हो कर उसके सम्मुख मैत्री का हाथ ही बढ़ा सकता हूँ। श्री रामचन्द्र जी के विषय में मैं भी जानता हूँ। वे धर्मात्मा हैं और कर्तव्याकर्तव्य को समझने वाले हैं। वे पापकर्म नहीं कर सकते। तुमने मेरे प्रति अपने स्नेह एवं भक्ति का प्रदर्शन कर दिया। अब मुझे मत रोको। मैं सुग्रीव का सामना अवश्य करूँगा और उसके घमण्ड को चूर चूर कर डालूँगा। युद्ध में मैं उससे विजय प्राप्त करूँगा मगर उसके प्राण नहीं लूँगा।"

यह कह कर वालि सुग्रीव के पास पहुँच कर उससे युद्ध करने लगा। दोनों एक दूसरे पर घूंसों और लातों से प्रहार करने लगे। जब राम ने देखा कि सुग्रीव की शक्ति क्षीण होते जा रही है तो उन्होंने एक विषधर सर्प की भाँति बाण को धनुष पर चढ़ा कर वालि को लक्ष्य करके छोड़ दिया। टंकारध्वनि के साथ वह बाण वालि के वक्ष में जाकर लगा जिससे वह बेसुध हो कर पृथ्वी पर गिर पड़ा।

- वालि-राम संवाद

वालि को पृथ्वी पर गिरते देख राम और लक्ष्मण उसके पास जा कर खड़े हो गये। जब वालि की चेतना लौटी और उसने दोनों भाइयों को अपने सम्मुख खड़े देखा तो वह कठोर शब्दों में बोला, "हे रघुनन्दन! आपने छिप कर जो मुझ पर आक्रमण किया, उससे आपने कौन सा गुण प्राप्त कर लिया? किस महान यश का उपार्जन कर लिया? यद्यपि तारा ने सुग्रीव की और आपकी मैत्री के विषय में मुझे बताया था, परन्तु मैंने आपकी वीरता, शौर्य, पराक्रम, धर्मपरायणता, न्यायशीलता आदि गुणों को ध्यान में रखते हुये उसकी बात नहीं मानी थी और कहा था कि न्यायशील राम कभी अन्याय नहीं करेंगे। आज मुझे ज्ञात हुआ कि आपकी मति मारी गई है। आप दिखावे के लिये धर्म का चोला पहने हुए हैं, वास्तव में आप अधर्मी हैं। आप साधु पुरुष के वेष में एक पापी हैं। मेरा तो आपके साथ कोई बैर भी नहीं है। फिर आपने यह क्षत्रियों को लजाने वाला कार्य क्यों किया? आप नरेश हैं। राजा के गुण साम, दाम, दण्ड, भेद, दान, क्षमा, सत्य, धैर्य और विक्रम होते हैं। कोई राजा किसी निरपराध को दण्ड नहीं देता। फिर आपने मेरा वध क्यों किया है? हे राजकुमार! यदि आपने मेरे समक्ष आकर मुझसे युद्ध किया होता तो आप अवश्य ही मेरे हाथों मारे गये होते। जिस उद्देश्य के लिये आप सुग्रीव की सहायता कर रहे हैं उसी उद्देश्य को यदि आपने मुझसे कहा होता तो मैं एक ही दिन में मिथिलेश कुमारी को ढूँढ कर आपके पास ला देता। आपकी पत्नी का अपहरण करने वाले दुरात्मा राक्षस रावण के गले में रस्सी बाँध कर आपके समक्ष प्रस्तुत कर देता। आपने अधर्मपूर्वक मेरा वध क्यों किया?"

वालि के कठोर वचनों को सुन कर रामचन्द्र ने कहा, "वानर! धर्म, अर्थ, काम और लौकिक सदाचार के विषय तुम्हें ज्ञान ही नहीं है। तुम अपने वानरोचित चपलतावश तुम व्यर्थ ही मुझ पर क्रोधित हो रहे हो। मैंने तुम्हारा वध अकारण या व्यक्तिगत बैरभाव के कारण से नहीं किया है। सौम्य! पर्वतों, वनों और काननों से युक्त सम्पूर्ण भू-मण्डल इक्ष्वाकु वंश के राजाओं की है। इस समय धर्मात्मा राजा भरत इस पृथ्वी का पालन कर रहे हैं। उनकी आज्ञा से हम सम्पूर्ण पृथ्वी में विचरण करते हुए धर्म के प्रचार के लिये साधुओं की रक्षा तथा दुष्टों का दमन कर रहे हैं। तुमने अपने जीवन में काम को ही प्रधानता दिया और राजोचित मार्ग पर स्थिर नहीं रहे। छोटा भाई, पुत्र और शिष्य तीनों पुत्र-तुल्य होते हैं। तुमने इस धर्माचरण को त्याग कर अपने छोटे भाई सुग्रीव की पत्नी रुमा का हरण किया जो धर्मानुसार तुम्हारी पुत्रवधू हुई। उत्तम कुल में उत्पन्न क्षत्रिय और राजा का प्रतिनिधि होने के कारण तुम्हारे इस महापाप का दण्ड देना मेरा कर्तव्य था। जो पुरुष अपनी कन्या, बहन अथवा अनुजवधू के पास कामबुद्धि से जाता है, उसका वध करना ही उसके लिये उपयुक्त दण्ड माना गया है। इसीलिये मैंने तुम्हारा वध किया। वानरश्रेष्ठ! अपने इस कार्य के लिये मेरे मन में किसी प्रकार संताप नहीं है। मैंने तुम्हें तुम्हारे पिछले पापों का दण्ड दे कर आगे के लिये तुम्हें निष्पाप कर दिया है। अब तुम निष्पाप हो कर स्वर्ग जाओगे।"

राम का तर्क सुन वालि ने हाथ जोड़कर कहा, "हे राघव! आपका कथन सत्य है। मुझे अपनी मृत्यु पर दुःख नहीं है। मेरा पुत्र अंगद मुझे अत्यन्त प्रिय है और मुझे केवल उसी की

चिन्ता है। वह अभी बालक है। उसकी बुद्धि अभी परिपक्व नहीं हुई है। उसे मैं आपकी शरण में सौंपता हूँ। आप इसे सुग्रीव की भाँति ही अभय दें, यही आपसे मेरी प्रार्थना है।"

इतना कह कर वालि चुप हो गया और उसके प्राण पखेरू उड़ गये।

- ## तारा का विलाप

जब तारा को वालि की मृत्यु का समाचार मिला तो वह अत्यन्त उद्विग्न हो गई और रोती हुई उस स्थान पर आई जहाँ वालि का शव पड़ा था। तारा और अंगद वालि के शव से लिपट कर बिलख-बिलख कर रोने लगे। उन दोनों दोनों को इस प्रकार रोते देख सुग्रीव को अत्यन्त दुःख हुआ। उसके नेत्रों से अश्रु बहने लगे।

तारा वालि से लिपट कर विलाप कर रही थी, "हे आर्यपुत्र! आप जैसे पराक्रमी वीर की राम ने छिप कर हत्या कर के अत्यन्त निंदनीय कर्म किया है। हे नाथ! आप मौन हो कर क्यों पड़े हैं? आप अपने पुत्र अंगद को किसके सहारे छोड़ गये? देखिये वह किस प्रकार से बिलख-बिलख कर रो रहा है। हे आर्यपुत्र! आज आप ऐसे निर्मोही कैसे हो गये? हे स्वामी! आप मुझे और अंगद को किसके भरोसे छोड़े जा रहे हैं? सुग्रीव! आज तुम्हारा मनोरथ सफल हो गया। अब आनन्द से राज्य का सुख भोगो। आज मेरे पास पुत्र, ऐश्वर्य सब कुछ होते हुये भी मैं विधवा के नाम से पुकारी जाकर संसार में तिरस्कृत जीवन व्यतीत करूँगी। पुत्र अंगद! अपने धर्मप्रेमी पिता का अन्तिम दर्शन कर लो। यमलोक को जाते हुये अपने पिता का हाथ जोड़ कर अभिवादन करो। देखो स्वामी! आपका पुत्र हाथ जोड़ कर आपके सामने खड़ा है। उसे आशीर्वाद क्यों नहीं देते? आज आपने इस युद्धरूपी यज्ञ में मेरे बिना कैसे भाग लिया। बिना अद्धार्ंगिनी के तो कोई यज्ञ पूरा नहीं होता।"

इस प्रकार तारा नाना प्रकार से से विलाप करने लगी। वालि के वानर सरदारों ने बड़ी कठिनाई से उसे शव से अलग किया।

धनुष धारण किये राम को देख कर तारा उनके पास आकर बोली, "हे अमलकमलदललोचन राम! आप वीर, तेजस्वी, धर्मात्मा और महान दानवीर हैं। मैं आपसे एक दान माँगती हूँ। जिस बाण से आपने मेरे पति के प्राण लिये हैं उसी बाण से मेरे प्राण भी हर लीजिये ताकि मैं मर कर अपने पति के पास पहुँच जाऊँ। मेरे पतिदेव स्वर्ग में मेरी प्रतीक्षा कर रहे होंगे।"

तारा के मर्मस्पर्शी शब्दों को सुन कर रामचन्द्र बोले, "तारा! तेरा इस प्रकार शोक और विलाप करना व्यर्थ है। सारा संसार परमात्मा के द्वारा बनाये गये विधान के अनुसार चलता है। विधाता की ऐसी ही इच्छा थी, यह सोच कर तुम धैर्य धारण करो। अंगद की कोई चिन्ता मत करो। वह आज से इस राज्य का युवराज होगा। तुम्हारा पति वीर था, वह युद्ध करते हुये वीरगति को प्राप्त हुआ है; यह तुम्हारे लिये गौरव की बात है। शोक तज कर रोना बन्द करो। रोने से दिवंगत आत्मा को कष्ट पहुँचता है।"

इस प्रकार राम ने तारा को अनेक प्रकार से धैर्य बँधाया। फिर वे सुग्रीव से बोले, "हे वीर! तारा और अंगद को साथ ले जा कर अब तुम वालि के अन्तिम संस्कार की तैयारी करो। अंगद! तुम इस संस्कार के लिये घृत, चन्दन आदि ले आओ। और हे तारा! तुम भी शोक को त्याग कर वालि के लिये अर्थी की तैयारी कराओ।"

इस प्रकार रामचन्द्र जी ने सब से कह सुन कर वालि के अन्तिम संस्कार की तैयारी करवाई।

वालि की शवयात्रा में बड़े-बड़े योद्धा और किष्किन्धा निवासी रोते कलपते शमशान घाट पहुँचे। स्त्रियों के करुणाजनक विलाप से सम्पूर्ण वातावरण शोकाकुल प्रतीत हो रही थी। नदी के तट पर जब चिता बना कर वालि का शव उस पर रखा गया तो सम्पूर्ण वातावरण एक बार फिर करुण चीत्कार से गूँज उठा। तारा पुनः वालि के शव से लिपट गई। वह चिता पर ही उससे लिपट कर विलाप किये जा रही थी। बड़ी कठिनाई से उसे को वालि के शव से पृथक किया गया। अन्त में अंगद ने चिता को अग्नि दी। जब वालि का शरीर पंचतत्व में विलीन हो गया तो श्री रामचन्द्र जी ने लक्ष्मण, सुग्रीव, अंगद एवं अन्य प्रमुख वानरों के साथ मिल कर उसके लिये जलांजलि दी।

• सुग्रीव का अभिषेक

वालि के अन्तिम संस्कार से निवृत हो जाने के पश्चात् हनुमान ने हाथ जोड़कर श्री रामचन्द्र जी से निवेदन किया, "हे ककुत्स्थनन्दन! वानरराज सुग्रीव को आपकी कृपा से उनके पूर्वजों का राज्य पुनः प्राप्त हो गया है। यह अत्यन्त कठिन कार्य था जो कि आपके प्रसाद स्वरूप ही सम्पन्न हो पाया है। अब आप कृपा कर के उनका राजतिलक कर अंगद को युवराज पर प्रदान करें।"

हनुमान की प्रार्थना सुन कर राम बोले, "हनुमन्! सौम्य! मैं पिता की आज्ञा का पालन करते हुये वन में निवास कर रहा हूँ अतः चौदह वर्ष की अवधि पूर्ण होने के पूर्व किसी नगर अथवा ग्राम में जाना मेरे लिये उचित नहीं है। अतएव तुम लोग सुग्रीव के साथ नगर में जा कर राज्याभिषेक की प्रक्रिया पूर्ण करो।"

फिर राम ने सुग्रीव से कहा, "हे मित्र! तुम लौकिक और शास्त्रीय व्यवहार के के ज्ञाता हो, नीतिवान और लोकव्यवहार कुशल हो, इसलिये अपने भतीजे अंगद को युवराज का पद प्रदान करो। वह तुम्हारे ज्येष्ठ भ्राता का पुत्र ही नहीं है, पराक्रमी और वीर भी है। कुछ दिन तुम लोग राज्य में रह कर शासन व्यवस्था को सुव्यवस्थित करो और प्रजा की भलाई में मन लगाओ। श्रावण का महीना आ गया है और वर्षा की ऋतु का आरम्भ हो चुका है। अतः चार मास तक सीता की खोज सम्भव नहीं है। वर्षा की समाप्ति पर जानकी की खोज कराना। मैं इस अवधि में लक्ष्मण सहित इसी पर्वत पर निवास करूँगा।"

राम से विदा हो कर सुग्रीव किष्किन्धा जा कर किष्किन्धापुरी की शासन व्यवस्था में व्यस्त हो गये।

इस अन्तराल में राम लक्ष्मण के साथ प्रस्रवण पर्वत पर निवास करने लगे। एक सुरक्षित कन्दरा को कुटिया का रूप दे कर वे लक्ष्मण से बोले, "हे भाई! हम वर्षा ऋतु यहीं व्यतीत करेंगे। वृक्षादि से सुशोभित यह पर्वत अत्यन्त रमणीक है। इस गुफा के निकट ही सरिता के प्रवाहित होने के कारण यह स्थान हमारे लिये और भी सुविधाजनक रहेगा। यहाँ से किष्किन्धा भी अधिक दूर नहीं है, किन्तु इस शान्तिप्रद वातावरण में भी जानकी का वियोग मुझे दुःखी कर रहा है। उसके बिना मेरे हृदय में भयंकर पीड़ा होती है।"

इतना कह कर वे शोक में डूब गये।

अपने अग्रज को शोकातुर देख कर लक्ष्मण बोले, "हे वीर! इस प्रकार व्यथित होने से कोई लाभ नहीं है। शोक से तो उत्साह नष्ट होता है। और उत्साहहीन हो जाने पर रावण से हम कैसे प्रतिशोध ले सकेंगे? इसलिये आप धैर्य धारण कीजिये। हम रावण को मार कर भाभी को अवश्य मुक्त करायेंगे। केवल कुछ दिनों की बात और है।"

लक्ष्मण के वचनों से राम ने अपने हृदय को स्थिर किया और वे प्रकृति की शोभा निहारने लगे। थोड़ी देर तक वे वर्षाकालीन प्राकृतिक दृश्यों का अवलोकन करते रहे। फिर लक्ष्मण से बोले, "हे लक्ष्मण! देखो इस वर्षा ऋतु में प्रकृति कितनी सुन्दर प्रतीत होती है। ये दीर्घाकार मेघ पर्वतों का रूप धारण किये आकाश में दौड़ रहे हैं। इस वर्षा ऋतु में ये मेघ अमृत की वर्षा करेंगे। उस अमृत से भूतलवासियों का कल्याण करने वाली नाना प्रकार की औषधियाँ, वनस्पति, अन्न आदि उत्पन्न होंगे। इधर इन बादलों को देखो, एक के ऊपर एक खड़े हुये ये ऐसे प्रतीत होते हैं मानो प्रकृति ने सूर्य तक पहुँचने के लिये इन कृष्ण-श्वेत सीढ़ियों का निर्माण किया है। शीतल, मंद, सुगन्धित समीर हृदय को किस प्रकार प्रफुल्लित करने का प्रयत्न कर रही हैं, किन्तु विरहीजनों के लिये यह अत्यधिक दुःखदायी भी है। उधर पर्वत पर से जो जलधारा बह रही है, उसे देख कर मुझे ऐसा आभास होता है कि सीता भी मेरे वियोग में इसी प्रकार अश्रुधारा बहा रही होगी। इन पर्वतों को देखो, इन्हें देखकर लगता है जैसे ब्रह्मचारी बैठे हों। ये काले-काले बादल इनकी मृगछालाएँ हों। नद-नाले इनके यज्ञोपवीत हों और बादलों की गम्भीर गर्जना वेदमंत्रों का पाठ हो। कभी कभी ऐसा प्रतीत होता है कि ये बादल गरज नहीं रहे हैं अपितु बिजली के कोड़ों से प्रताड़ित हो कर पीड़ा से कराहते हुये आर्तनाद कर रहे हैं। काले बादलों में चमकती हुई बिजली ऐसी प्रतीत हो रही है मानो राक्षसराज रावण की गोद में मूर्छित पड़ी जानकी हो। हे लक्ष्मण! जब भी मैं वर्षा के दृश्यों को देख कर अपने मन को बहलाने की चेष्टा करता हूँ तभी मुझे सीता का स्मरण हो आता है। यह देखो, काले मेघों ने दसों दिशाओं को अपनी काली चादर से इस प्रकार आवृत कर लिया है जैसे मेरे हृदय की समस्त भावनाओं को जानकी के वियोग ने आच्छादित कर लिया है।

"इस वर्षा ऋतु में राजा लोग अपने शत्रु पर आक्रमण नहीं करते, गृहस्थ लोग घर से परदेस नहीं जाते। घर उनके लिये अत्यन्त प्रिय हो जाता है। राजहंस भीमानसरोवर की ओर

चल पड़ते हैं। चकवे अपनी प्रिय चकवियों के साथ मिलने को आतुर हो जाते हैं और उनसे मिल कर अपूर्व प्राप्त करते हैं। किन्तु मैं एक ऐसा अभागा हूँ जिसकी चकवी रूपी सीता अपने चकवे से दूर है। मोर अपनी प्रियाओं के साथ नृत्य कर रहे हैं। ऐसा प्रतीत होता है कि बगुलों की पंक्तियों से शोभायमान, जल से भरे, श्यामवर्ण मेघ मानो किसी लम्बी यात्रा पर जा रहे हैं। वे पर्वतों के शिखरों पर विश्राम करते हुये चल रहे हैं। पृथ्वी पर नई-नई घास उग आई है और उस पर बिखरी हुई लाल-लाल बीरबहूटियाँ ऐसी प्रतीत होती हैं मानो कोई नवयौवना कामिनी हरे परिधान पर लाल बूटे वाली बेल लगाये लेटी हो। सारी पृथ्वी इस वर्षा के कारण हरीतिमामय हो रही हैं। सरिताएँ कलकल नाद करती हुईं बह रही हैं। वानर वृक्षों पर अठखेलियाँ कर रहे हैं। इस सुखद वातावरण में केवल विरहीजन अपनी प्रियाओं के वियोग में तड़प रहे हैं। उन्हें इस वर्षा की सुखद फुहार में भी शान्ति नहीं मिलती। देखो, ये पक्षी कैसे प्रसन्न होकर वर्षा की मंद-मंद फुहारों में स्नान कर रहे हैं। उधर वह पक्षी पत्तों में अटकी हुई वर्षा की बूँद को चाट रहा है। सूखी मिट्टी में सोये हुये मेंढक मेघों की गर्जना से जाग कर ऊपर आ गये हैं और टर्र-टर्र की गर्जना करते हुये बादलों की गर्जना से स्पर्धा करने लगे हैं। जल की वेगवती धाराओं से निर्मल पर्वत-शिखरों से पृथ्वी की ओर दौड़ती हुई सरिताओं की पंक्तियाँ इस प्रकार बिखर कर बह रही हैं जैसे किसी के धवल कण्ठ से मोतियों की माला टूट कर बिखर रही हो। लो, अब पक्षी घोंसलों में छिपने लगे हैं, कमल सकुचाने लगे हैं और मालती खिलने लगी है, इससे प्रतीत होता है कि अब शीघ्र ही पृथ्वी पर सन्ध्या की लालिमा बिखर जायेगी।"

फिर राम निःश्वास छोड़ कर बोले, "वालि के मरने से सुग्रीव ने अपना राज्य पा लिया। अब वह अपनी बिछुड़ी हई पत्नी को पुनः पाकर इस वर्षा का आनन्द उठा रहा होगा। पता नहीं, मैं अपनी बिछुड़ी हुई सीता के कब दर्शन करूँगा। अब तो श्रावण मास का अन्त हो चला है। शीघ्र ही शरद ऋतु का प्रारम्भ होगा। दुर्गम मार्ग फिर आवागमन के लिये खुल जायेंगे। मुझे विश्वास है, शरद ऋतु आते ही सुग्रीव अपने गुप्तचरों से अवश्य सीता की खोज करायेगा।"

इतना कह कर राम गम्भीर कल्पना सागर में गोते लगाने लगे।

• हनुमान-सुग्रीव संवाद

पवनकुमार हनुमान शास्त्र-विद्, नीतिज्ञ और सूझबूझ वाले मनीषी थे। कब क्या करना चाहिये और क्या नहीं जैसी बातों का उन्हें यथार्थ ज्ञान था। बातचीत करने की कला में वे निपुण थे। उन्होंने देखा, आकाश निर्मल हो गया है, अब न तो बादल ही दिखाई पड़ते हैं और न ही बिजली चमकती है; वर्षा ऋतु समाप्त हो गई है। वे सुग्रीव के विषय में विचार करने लगे। उन्हें स्पष्ट प्रतीत हुआ कि मनोरथ सिद्ध हो जाने के पश्चात् सुग्रीव अपने कर्तव्य की अवहेलना कर के विलासिता में मग्न रहने लगे हैं। उनकी पत्नी रुमा के साथ ही साथ अब

तारा भी उनके विलास लीला का एक महत्वपूर्ण अंग बन गई है। राजकाज का भार केवल मन्त्रियों के भरोसे छोड़ कर वे स्वयं स्वेच्छाचारी होते जा रहे हैं। श्री रामचन्द्र जी को दिये गये अपने वचन का उन्हें स्मरण भी नहीं रह गया है।

इस प्रकार से सभी तरह से विचार करके हनुमान सुग्रीव के पास जा कर बोले, "हे राजन्! आपको राज्य और यश दोनों की ही प्राप्ति हो चुकी है। आपने कुल परम्परा से प्राप्त लक्ष्मी का भी विस्तार कर लिया है। अब आपको मित्रों को अपनाने के को भी पूरा कर डालना चाहिये। आपने मित्र के कार्य को सफल बनाने के लिये जो प्रतिज्ञा की है, उसे पूरा करना चाहिये। आप तो जानते ही हैं कि श्री राम हमारे परम मित्र और हितैषी हैं। उनके कार्य का समय बीता जा रहा है। इसलिये हमें जनकनन्दिनी सीता की खोज आरम्भ कर देनी चाहिये।"

सुग्रीव सत्वगुण से सम्पन्न थे। हनुमान के द्वारा स्मरण दिलाये जाने पर तत्काल उन्होंने श्री राम के कार्य को सिद्ध करने का निश्चय किया। उन्होंने नील नामक कुशल वानर को बुला कर आज्ञा दी, "हे नील! तुम ऐसा प्रयत्न करो जिससे मेरी सम्पूर्ण सेना शीघ्र यहाँ एकत्रित हो जाय। सभी यूथपतियों को सेना एवं सेनापतियों के साथ यहाँ अविलम्ब एकत्रित होने का आदेश दो। राज्य सीमा की रक्षा करने वाले सब उद्यमी एवं शीघ्रगामी वानरों को यहाँ तत्काल उपस्थित होने के लिये आज्ञा प्रसारित करो। सभी को सूचित कर दो कि जो भी वानर पन्द्रह दिन के अन्दर यहाँ बिना किसी अपरिहार्य कारण के उपस्थित नहीं होगा, उसे प्राण-दण्ड दिया जायेगा।"

ऐसा प्रबन्ध कर सुग्रीव अपने महलों में चले गये।

शरद ऋतु का आरम्भ हो गया किन्तु राम को सुग्रीव द्वारा सीता के लिये खोज करने की के विषय में कोई सूचना नहीं मिली। वे सोचने लगे कि सुग्रीव अपना उद्देश्य सिद्ध हो जाने पर मुझे बिल्कुल भूल गया है। ऐसा प्रतीत होता है कि अब सीता को पाने की कोई आशा शेष नहीं रह गई है। न जाने सीता पर कैसी बीत रही होगी। राजहंसों के शब्दों को सुन कर निद्रात्याग करने वाली सीता न जाने अब कैसे रह रही होगी। यह शरद ऋतु उसे और भी अधिक व्याकुल कर रही होगी। यह सोचते हुये राम सीता को स्मरण कर के विलाप करने लगे।

उस समय लक्ष्मण फल एकत्रित करने के लिये गये हुए थे। जब लक्ष्मण फल ले कर समीपवर्ती वाटिका से लौटे तो उन्होंने अपने बड़े भाई की अवस्था पर दृष्टिपात किया। लक्ष्मण को देखते ही उन्होंने निश्वास ले कर कहा, "हे लक्ष्मण! पृथ्वी को जलप्लावित कर देने वाले गरजते बादल अब शान्त हो कर पलायन कर गये हैं। आकाश निर्मल हो गया है। चन्द्रमा, नक्षत्र और सूर्य की प्रभा पर शरद ऋतु का प्रभाव स्पष्ट दृष्टिगोचर होने लगा है। हंस मानसरोवर का परित्याग कर पुनः लौट आये हैं और चक्रवातों के समान सरिता के रेतीले तटों पर क्रीड़ा कर रहे हैं। वर्षाकाल में मदोन्मत्त हो कर नृत्य करने वाले मोर अब उदास हो गये हैं। सरिता की कल-कल करती वेगमयी गति अब मन्द पड़ गई है मानो वे कह रही हैं

कि चार दिन के यौवन पर मदोन्मत्त हो कर गर्व करना उचित नहीं है। सूर्य की किरणों ने मार्ग की कीचड़ को सुखा डाला है, इससे वे आवागमन और यातायात के लिये खुल गये हैं। राजाओं की यात्रा के दिन आ गये हैं, परन्तु सुग्रीव ने न तो अब तक मेरी सुधि ली है और न जानकी की खोज कराने की कोई व्यवस्था ही की है। वर्षाकाल के ये चार मास सीता के वियोग में मेरे लिये सौ वर्ष से भी अधिक लम्बे हो गये हैं। परन्तु सुग्रीव को मुझ पर अभी तक दया नहीं आई। पता नहीं मेरे भाग्य में क्या लिखा है। राज्य छिन गया, देश निकाला हो गया, पिता की मृत्यु हो गई, पत्नी का अपहरण हो गया और अन्त में इस वानर के द्वारा भी ठगा गया। हे वीर! तुम्हें याद होगा कि सुग्रीव ने प्रतिज्ञा की थी कि वर्षा ऋतु समाप्त होते ही सीता की खोज कराऊँगा, परन्तु अपना स्वर्थ सिद्ध हो जाने के बाद वह इस प्रतिज्ञा को इस प्रकार भूल गया है। इसलिये तुम किष्किन्धा जा कर उस स्वार्थी वानर से कहो कि जो प्रतिज्ञा कर के उसका पालन नहीं करता, वह नीच और पतित होता है। क्या वह भी वालि के जैसे ही यमलोक को जाना चाहता है? तुम उसे मेरी ओर से सचेत कर दो ताकि मुझे कोई कठोर पग उठाने के लिये विवश न होना पड़े।"

• लक्ष्मण-सुग्रीव संवाद

श्री रामचन्द्र जी की आज्ञा पाकर, सदैव बड़े भाई के हित में लगे रहने वाले, लक्ष्मण क्रुद्ध होकर किष्किन्धा की ओर चले। मार्ग के वृक्षों को बलपूर्वक गिराते हुए, पर्वतशिखरों को उठा कर फेंकते हुए, नगर की ऊँची-ऊँची अट्टालिकाओं से सुशोभित बाजारों और चौराहों को पार कर, वे सुग्रीव के राजप्रासाद में जा पहुँचे। लक्ष्मण को अत्यन्त क्रोधित देख कर सुग्रीव के सुभट भयभीत हो कर इधर-उधर भागने लगे। लक्ष्मण सीधे सुग्रीव के रनिवास में पहुँचे। वहाँ से मृदंग की ताल के साथ कोकिलकण्ठी कामिनियों के गायनों के स्वर निकल रहा था। महाबली लक्ष्मण ने सुग्रीव के उस अन्तःपुर में अनेक रूपरंग की बहुत सी रूप-यौवन के गर्व से भरी हुई सुन्दरी स्त्रियों को देखा। नूपुरों की झंकार और करधनी की खनखनाहट करती हुई परस्त्रियों को देख कर शीलवान लक्ष्मण अत्यन्त लज्जित हो गये। श्री रामचन्द्र जी का कार्य सिद्ध होते न देख कर कुपित लक्ष्मण ने धनुष की टंकार की जिससे समस्त दिशाएँ गूँज उठीं।

उस समय सुग्रीव के कक्ष में इन्द्र की अप्सराओं को भी लजाने वाली नृत्यांगनाएँ नूपुरों और मेखलाओं की झंकार के साथ नृत्य कर रही थीं और सुग्रीव मद्यपान से अचेत अद्धधनिमीलित नेत्रों से यह सब देख रहा था। धनुष के टंकार की ध्वनि को सुनते ही नृत्य करने वाली रमणियाँ भयभीत हो कर एक ओर खड़ी हो गईं। भय से सुग्रीव का मुख पीला पड़ गया। उसने सहम कर तारा से पूछा, "हे प्रिये! रामचन्द्र जी का यह छोटा भाई अकारण ही इतना क्रुद्ध हो कर क्यों आया है? तुम अपनी मृदु वाणी से उसे शान्त करो! जैसे भी हो वाणी कौशल से उसके क्रोध को शान्त कर के यहाँ आने का कारण ज्ञात करो।"

पति की आज्ञा का पालन करती हुई मुस्कुराती तारा लक्ष्मण के पास पहुँची। अपने सम्मुख सुन्दर युवती को पा कर ब्रह्मचारी लक्ष्मण ने अपने क्रोध को नियन्त्रित किया और अपनी दृष्टि झुका ली। लक्ष्मण को दृष्टि झुकाये देख तारा का भय कुछ कम हुआ।

तारा मृदु वाणी में बोली, "हे रघुकुलश्रेष्ठ! आपके इस क्रोध का क्या कारण है? क्या हम से कोई अपराध हुआ है? यदि आपके दास सुग्रीव से कोई अपराध हुआ भी है तो भी आप जैसे उदार एवं क्षमाशील महापुरुष को उसे क्षमा प्रदान करनी चाहिये। वे आपके सेवक हैं, कृतघ्न नहीं हैं, और न ही वे कपटी एवं मिथ्यावादी हैं। आपके उपकार को वे सदा स्मरण करते रहते हैं और आप दोनों भाइयों का ही गुणगान करते रहते हैं। श्री रामचन्द्र की कृपा से ही उन्होंने अपने राज्य को, रुमा को और मुझे प्राप्त किया है। भारी दुःख के बाद सुख मिलने के कारण उनसे कुछ भूल हो गई है और वे आपके दर्शन न कर सके। आप तो जानते ही हैं कि विश्वामित्र जैसे महामुनि भी घृताची नामक अप्सरा पर मुग्ध हो कर दस वर्ष तक उसके साथ रमण करते रहे थे, फिर सुग्रीव तो एक साधारण व्यक्ति है। हे राघव! मैं हाथ जोड़ कर प्रार्थना करती हूँ कि आप उन्हें क्षमा कर दें। मैं आपको विश्वास दिलाती हूँ कि वे श्री रामचन्द्र जी के कार्य के लिये राज्य का सुख, मुझे, रुमा को और अंगद को भी छोड़ देंगे और जब तक जनक दुलारी सीता जी को श्री रामचन्द्र जी से नहीं मिला देंगे तब तक शान्ति से नहीं बैठेंगे। वानरों के सरदारों को बुलाने के लिये दूत भेजे जा चुके हैं। आज ही वे सब लोग आने वाले हैं। उन सब को ले कर वे आज ही सीतापति के पास जायेंगे। आप क्रोध त्याग कर मेरी बात पर विश्वास करें। मैं कभी मिथ्या भाषण नहीं करती।"

तारा के वाक्यों से शान्त हो कर लक्ष्मण सुग्रीव के पास पहुँचे। लक्ष्मण के पहुँचते ही सुग्रीव अपने आसन से उठ कर खड़ा हो गया। उसके एक ओर रुमा और दूसरी ओर तारा थी। लक्ष्मण ने क्रुद्ध हो कर कहा, "हे वानरराज! संसार जितेन्द्रिय, दयालु और कृतज्ञ राजा का ही सम्मान करता है। जो किसी मनुष्य को सहायता देने का वचन दे कर भी उसकी सहायता नहीं करता उसे आत्महत्या जैसा महापाप लगता है। शास्त्रों में गौघाती, चोर और अपना व्रत भंग करने वाले के लिये तो प्रायश्चित का प्रावधान है, परन्तु कृतघ्नता के पाप का कोई प्रयश्चित नहीं बताया गया है। उसे तो अनन्त काल तक नरक की यातनाएँ भोगनी पड़ती हैं। रामचन्द्र जी ने तुम्हारे साथ जो उपकार किया है, उसे भुला देना तुम्हारे लिये उचित नहीं है। इसलिये सुग्रीव! अब तुम्हें उस वचन का पालन करना चाहिये जो तुमने उन्हें दिया है।"

लक्ष्मण की बात सुन कर सुग्रीव अत्यन्त नम्रता के साथ बोला, "हे रघुकुलतिलक! श्री रामचन्द्र जी की दया से ही मैंने अपना खोया हुआ राज्य फिर से पाया है, इसलिये उनके इस महान उपकार को मैं जीवन भर नहीं भूल सकता। मैं जानता हूँ, वे अपने अपूर्व पराक्रम से सीता को चुराने वाले राक्षस को एक क्षण में नष्ट कर सकते हैं, केवल मेरा मान बढ़ाने के लिये वे मुझसे सहायता माँग रहे हैं। इसके लिये मैं उनका अत्यन्त अनुग्रहीत हूँ। उनके साथ मेरी सेना और मैं भी युद्ध करने के लिये चलेंगे। अब तक हुए विलम्ब के लिये आप मुझे क्षमा करें।"

लक्ष्मण इन वचनों से सन्तुष्ट हो कर बोले, "अब तुम मेरे साथ चल कर भैया के दुःखी मन को सन्तोष दो। वे सीता जी के वियोग में बहुत दुःखी हो रहे हैं।"

• **वानरों को सीता की खोज का आदेश**

लक्ष्मण से प्रेरणा पाकर सुग्रीव ने अपने यूथपतियों के साथ रामचन्द्र जी से मिलने के लिये प्रस्थान किया। एक पालकी मँगा कर उसमें पहले लक्ष्मण को आरूढ़ किया और फिर स्वयं भी उसमें जा बैठा। शंखों और भेरियों की ध्वनि करते हुए सहस्त्रों वीरों के साथ सुग्रीव वहाँ पहुँचा जहाँ श्री राम निवास कर रहे थे। लक्ष्मण को आगे कर और हाथ जोड़ कर विनीत भाव से सुग्रीव श्री राम के सम्मुख खड़ा हो गया। रामचन्द्र जी ने प्रसन्न हो कर सुग्रीव को गले लगाया और फिर उसकी प्रशंसा करते हुये कहा, "हे वानरेश! समय पर अपने सम्पूर्ण शुभ कार्यों को करने वाला राजा ही वास्तव में शासन करने के योग्य होता है और जो भोग विलास में लिप्त हो कर इन्द्रयों के वशीभूत हो जाता है, वह अन्त में विनाश को प्राप्त होता है। अब तुम्हारे उद्योग करने का समय आ गया है। अतएव तुम अपने मति अनुसार जैसा उचित समझो, वैसा करो ताकि सीता का पता मुझे शीघ्र प्राप्त हो सके।"

श्री राम के नीतियुक्त वचन सुन कर सुग्रीव ने कहा, "हे प्रभो! मैं तो आपका अकिंचन दास हूँ। मैं आपके उपकार को कभी नहीं भूल सकता। जनकनन्दिनी की शीघ्र खोज करवाने के उद्देश्य से मैं इन सहस्त्र वानर यूथपतियों को ले कर यहाँ उपस्थित हुआ हूँ। इन सबके पास अपनी-अपनी सेनाएँ हैं और ये स्वयं भी इन्द्र के समान पराक्रमी हैं। आपकी आज्ञा पाते ही ये लंकापति रावण को मार कर सीता को ले आयेंगे। इन्हें आप इस कार्य के लिये आज्ञा प्रदान करें।"

सुग्रीव की उत्साहवर्द्धक बात सुन कर राम बोले, "राजन्! सबसे पहले तो इस बात का पता लगाना चाहिये कि सीता जीवित भी है या नहीं। यदि जीवित है, तो उसे कहाँ रखा गया है? रावण का निवास स्थान कहाँ है? उसके पास कितनी और कैसी सेना है? वह स्वयं कितना पराक्रमी है? इन समस्त बातों के ज्ञात हो जाने पर ही आगे की योजना पर विचार किया जायेगा। यह कार्य ऐसा है जिसे न मैं कर सकता हूँ और न ही लक्ष्मण। केवल तुम ही अपनी सेना के द्वारा करवा सकते हो।"

राम के वचन सुनकर सुग्रीव ने अपने यूथपतियों को बुला कर आज्ञा दी, "हे वीर महारथियों! अब मेरी लाज और श्री रामचन्द्र जी का जीवन तुम लोगों के हाथ में है। तुम दसों दिशाओं में जा कर जानकी जी की खोज करो। उन सभी पर्वतों की दुर्गम कन्दराओं, वनों, नदी तटों, समुद्री द्वीपों, उपत्यकाओं और उन गुप्त स्थानों को छान मारो जहाँ उनके होने की तनिक भी सम्भावना हों। आकाश, पाताल, भूमण्डल का कोई भी स्थान छिपा नहीं रहना चाहिये। एक मास के अन्दर जानकी जी का पता मिल जाना चाहिये। यदि इस अवधि में उनका पता न लगा सके तो तुम स्वयं का वध हुआ समझो।"

- हनुमान को मुद्रिका देना

वानर यूथपतियों को इस प्रकार की कठोर आज्ञा दे कर सुग्रीव हनुमान से बोला, "हे कपिश्रेष्ठ! पृथ्वी, अन्तरिक्ष, आकाश, पाताल, देवलोक, वन, पर्वत, सागर कोई ऐसा स्थान नहीं है जहाँ तुम्हारी गति न हो। असुर, गन्धर्व, नाग, मनुष्य, देवता, समुद्र तथा पर्वतों सहित सम्पूर्ण लोकों को तुम जानते हो और तुम अतुल, अद्वितीय, पराक्रमी तथा साहसी हो। तुम्हारी सूझबूझ और कार्यकुशलता भी अपूर्व है। यद्यपि मैंने सीता जी की खोज के लिये सब वानरों को आदेश दिया है परन्तु मुझे सच्चा भरोसा तुम्हारे ऊपर ही है और तुम्हें ही उनका पता लगा कर लाना है।"

सुग्रीव का हनुमान पर इतना भरोसा देख कर राम बोले, "हे हनुमान! सुग्रीव की भाँति मुझे भी तुम पर विश्वास है कि तुम सीता का पता अवश्य लगा लोगे। इसलिये मैं तुम्हें अपने नाम से सुशोभित अपनी यह मुद्रिका देता हूँ। जब कभी जानकी मिले, उसे तुम यह मुद्रिका दे देना। इसे पा कर वह तुम्हारे ऊपर सन्देह नहीं करेगी। तुम्हें मेरा दूत समझ कर सारी बातें बता देगी।"

राम की मुद्रिका ले कर हनुमान ने उसे अपने मस्तक से लगाया और सुग्रीव तथा श्री राम के चरणों को स्पर्श कर के वानरों की सेना के साथ सीता को खोजने के लिये निकल पड़े। शेष वानर भी सुग्रीव के निर्देशानुसार भिन्न-भिन्न दिशाओं के लिये चल पड़े। उन्होंने वनों, पर्वतों, गिरिकन्दराओं, घाटियों, ऋषि-मुनियों के आश्रमों, विभिन्न राजाओं की राजधानियों, शैल-शिखरों, सागर द्वीपों, राक्षसों, यक्षों, किन्नरों के आवासों आदि को छान मारा परन्तु कहीं भी उन्हें जनकनन्दिनी सीता का पता नहीं मिला। अन्त में भूख-प्यास से व्यथित हो थक कर उत्साहहीन हो निराशा के साथ एक स्थान पर बैठ कर अपने कार्यक्रम के विषय में विचार विमर्श करने लगे। एक यूथपति ने उन्हें सम्बोधित करते हुये कहा, "हमने उत्तर पूर्व और पश्चिम दिशा का कोई स्थान नहीं छोड़ा। अत्यन्त अगम्य प्रतीत होने वाले स्थानों को भी हमने छान मारा किन्तु कहीं भी महारानी सीता का पता नहीं चला। मेरे विचार से अब हमें दक्षिण दिशा की ओर प्रस्थान करना चाहिये। इसलिये अब अधिक समय नष्ट न कर के हमें तत्काल चल देना चाहिये।"

यूथपति का प्रस्ताव स्वीकार कर सबसे पहले यह दल विन्ध्याचल पर पहुँचा। वहाँ की गुफाओं, जंगलों, पर्वत-शिखरों आदि सभी स्थानों को उन्होंने छान मारा किन्तु जनकनन्दिनी सीता के उन्हें दर्शन नहीं मिले। विन्ध्यपर्वत के आसपास का महान देश अनेक गुफाओं तथा घने जंगलों से भरा था इसलिये वहाँ जानकी जी को ढूँढने में उन्हें अत्यन्त कठिनाई का सामन करना पड़ा।

इस प्रकार से जानकी जी की खोज के लिये सुग्रीव के द्वारा दिया गया समय व्यतीत हो गया। समस्त वानर पूर्णतः निराश हो गये और सुग्रीव के द्वारा दिये जाने वाले दण्ड के विषय में सोचकर अत्यन्त भयभीत भी हो गये। उनकी निराशा और भय को देख कर

महाबुद्धिमान अंगद ने कहा, "निराश और भयभीत होने की आवश्यकता नहीं है। यदि हम सभी वानर अभी भी प्रयत्न करके जानकी जी को खोज लेंगे तो महाराज सुग्रीव प्रसन्न ही होंगे। कर्म का फल अवश्य ही मिलता है अतः खिन्न होकर उद्योग को छोड़ देना कदापि उचित नहीं है।

राजकुमार अंगद की बातों से उत्साहित होकर वानरों ने जानकी जी की खोज के लिये पुनः उद्योग करना आरम्भ कर दिया। वहाँ के अत्यन्त भयंकर तथा सुनसान जंगलों में न तो पानी मिलता था और न ही किसी प्रकार के कंद-मूल-फल ही मिलते थे। मनुष्य का तो नामोनिशान तक दिखाई नहीं देता था। वहाँ अन्वेषण कार्य बहुत ही कठिन था और वानरों को वहाँ अत्यन्त कष्ट सहन करना पड़ा।

समस्त वानर भूख प्यास से व्याकुल होकर वहाँ घूम रहे थे तो उन्हें एक गुफा दिखाई पड़ी। वह गुफा यद्यपि अन्धकारमय थी किन्तु उसमें से हंस, क्रौञ्च, सारस और जल से भीगे हुए चकवे निकलते हुए दृष्टिगत हुए। उन जल से भीगे हुए पक्षियों को देख कर हनुमान जी ने अनुमान लगाया कि अवश्य ही उस गुफा के भीतर जल का स्रोत है। हनुमान जी की सलाह के अनुसार समस्त वानर उस गुफा में प्रवेश कर गये।

• तपस्विनी स्वयंप्रभा

वह गुफा अत्यन्त ही अन्धकारमय थी किन्तु वानरों की दृष्टि उस अन्धकार में भी कार्य कर रही थी। उनका तेज और पराक्रम अवरुद्ध नहीं होता था और उनकी गति वायु के समान थी। तीव्र वेग के साथ वे उस गुफा के भीतर पहुँच गये। भीतर पहुँच कर उन्होंने देखा कि वह स्थान अत्यन्त उत्तम, प्रकाशमान और मनोहर था। चारों ओर साल, ताल, तमाल, नागकेसर, अशोक, धव, चम्पा, कनेर आदि के पुष्पयुक्त वृक्ष दृष्टिगत हो रहे थे। वे सभी वृक्ष सुवर्णमय थे, उनसे अग्नि के समान प्रभा निकल रही थी और उनके फल फूल भी सुनहरे रंग के थे। इन वृक्षों में लगे मूँगे और मणियों के समान चमकीले फूलों और फलों पर सुनहरे रंग के भौंरे मंडरा रहे थे। सूर्य जैसी आभा वाली काञ्चन वृक्षों से घिरे अनेक विशाल सरोवर भी दिखाई पड़े जिनमें स्वर्णकमल और सुनहरे मत्स्य शोभा पा रहे थे।

उन्होंने वहाँ पर सोने और चांदी से बने हुए बहुत सारे भवन भी देखे जिनकी खिड़कियाँ मोतियों की जालियों से ढँकी हुई थीं। स्वर्ण तथा रजत से निर्मित विमान भी दृष्टिगत हो रहे थे। वहाँ रखे हुये अनेक पात्रों में सोने, चांदी और कांसे के ढेर भरे हुए थे। बहुमूल्य सवारियाँ, सरस मधु, महामूल्यवान दिव्य वस्त्रों के ढेर, विचित्र कम्बल एवं कालीनें, मृगचर्मों के समूह आदि भी जहाँ तहाँ रखे हुए थे।

कुछ दूर जाने पर उन्हें वक्कल और काले रंग का मृगचर्म धारण किये हुये एक स्त्री दिखी जिसका मुख तपस्या के तेज से दमक रहा था।

परम बुद्धिमान हनुमान जी ने उस तपस्विनी के पास जाकर हाथ जोड़ कर कहा, "देवि! आप कौन हैं? यह गुफा, ये भवन तथा ये रत्नादि किसके हैं? हे देवि! हम लोग भूख-प्यास और थकावट से व्याकुल होकर जल मिलने की आशा से इस गुफा में चले आये हैं किन्तु यहाँ के अद्भुत पदार्थों को देख कर हमारी विवेकशक्ति लुप्तप्राय हो गई है। यह सब आपकी तपस्या के प्रभाव से हुआ है या यह कोई आसुरी माया है?"

तपस्विनी ने यह कह कर कि तुम सब पहले भोजन ग्रहण कर लो, उन सभी को शुद्ध भोजन, फल-मूल आदि दिया।

फिर भोजन से तृप्त हुए वानरों से तपस्विनी ने कहा, "वानरश्रेष्ठ! इस दिव्य सुवर्णमय उत्तम भवन को दानवशिरोमणियों के विश्वकर्मा मयासुर ने बनाया है। इस भवन में निवास करते हुए मयासुर का सम्पर्क हेमा नाम की अप्सरा से हो गया जिससे क्रुद्ध होकर देवराज इन्द्र ने अपने वज्र से मयासुर का वध कर डाला। अब यह स्थान हेमा के ही आधीन है। मैं मेरसावर्णि की कन्या हूँ और मेरा नाम स्वयंप्रभा है। हेमा मेरी प्रिय सखी है। उसी के द्वारा नियुक्त होकर मैं इस स्थान का संरक्षण करती हूँ। अब तुम लोग बताओ कि तुम लोग किस प्रयोजन से घूम रहे हो?"

पवनकुमार हनुमान जी बोले, "देवि! पिता की आज्ञा से दशरथनन्दन श्री राम अपनी पत्नी सीता और अनुज लक्ष्मण के साथ दण्डकारण्य में निवास कर रहे थे। जनस्थान में आकर रावण ने उनकी स्त्री का बलपूर्वक अपहरण कर लिया। श्री राम वानरराज सुग्रीव के मित्र हैं। हम लोग अपने राजा सुग्रीव की आज्ञा से जानकी जी की खोज कर रहे हैं। हमें इस गुफा से बाहर निकलने का कोई मार्ग नहीं दिख रहा है अतः आप हमें यहाँ से बाहर निकालने की कृपा करें ताकि हम अपने कर्तव्य को पूर्ण कर सकें।"

तपस्विनी स्वयंप्रभा ने कहा, "श्रेष्ठ वानरों! यद्यपि इस स्थान में आ जाने वाला जीवन भर यहाँ से बाहर नहीं निकल सकता किन्तु मैं अपने तप के प्रभाव से तुम सब को यहाँ से बाहर निकाल दूँगी। तुम सभी अपनी आँखें बंद कर लो।"

वानरों के आँख मूँदते ही स्वयंप्रभा ने निमिषमात्र में उन्हें गुफा से बाहर निकाल कर कहा, "अब तुम अपनी आँखें खोल लो। यह देखो तुम्हारे समक्ष महासागर लहरा रहा है। तुम्हारा कल्याण हो।"

इतना कह कर तपस्विनी स्वयंप्रभा अपने स्थान में वापस चली गईं।

• जाम्बवन्त द्वारा हनुमान को प्रेरणा

वानरों के समक्ष भयंकर महासागर विशाल लहरों से व्याप्त होकर निरन्तर गर्जना कर रहा था। समुद्र तट पर बैठ कर वे विचार विमर्श करने लगे।

युवराज अंगद निराश हो कर बोले, "सीता जी को खोज पाने में हम लोग सर्वथा निष्फल रहे हैं। अब हम लौट कर राजा सुग्रीव और रामचन्द्र जी को कैसे मुख दिखायेंगे। निष्फल हो

कर लौटने से तो अच्छा है कि हम यहाँ अपने प्राण त्याग दें।"

इस पर बुद्धिमान हनुमान जी ने कहा, "तारानन्दन! तुम युद्ध में अपने पिता के समान ही अत्यन्त शक्तिशाली हो। अत्यन्त बुद्धिमान होते हुए भी तुम इस तरह से निराशा की बातें कर रहे हो यह तुम्हें शोभा नहीं देता।"

इस प्रकार से उनका विचार विमर्ष चल ही रहा था कि वहाँ पर गृध्रराज सम्पाति आ पहुँचा। वानरों को देख कर वह बोला, "आज दीर्घकाल के पश्चात् मुझे मेरे कर्मों के फल के रूप में यह भोजन प्राप्त हुआ है। मैं एक एक कर के वानरों का भक्षण करता जाउँगा।"

सम्पाति के वचन सुनकर दुःखी हुए अंगद ने हनुमान जी से कहा, "एक तो हम लोग जानकी जी को खोज नहीं पाये, उस पर यह दूसरी विपत्ति आ गई। हमसे तो अच्छा गृध्रराज जटायु ही था जिसने श्री रामचन्द्र जी के कार्य को करते हुये अपने प्राण न्यौछावर कर दिया था।"

अंगद के मुख से जटायु का नाम सुनकर सम्पाति ने आश्चर्य से कहा, "जटायु तो मेरा छोटा भाई है। तुम उसके विषय में मुझे पूरा पूरा हाल कहो।"

अंगद से जटायु के विषय में पूरा हाल सुनकर सम्पाति बोला, "बन्धुओं! तुम सीता जी की खोज करने जा रहे हो। मैं इस विषय में जो भी जानता हूँ वह तुम्हें बताता हूँ क्योंकि रावण से मैं अपने छोटे भाई जटायु का प्रतिशोध लेना चाहता हूँ। परन्तु मैं वृद्ध और दुर्बल होने के कारण रावण का वध नहीं कर सकता। इसलिये मैं तुम्हें उसका पता बताता हूँ। सीता जी का हरण करने वाला रावण लंका का राजा है और उसने सीता जी को लंकापुरी में ही रखा है जो यहाँ से सौ योजन (चार सौ कोस) की दूरी पर है और इस समुद्र के उस पार है। लंकापुरी में बड़े भयंकर, सुभट, पराक्रमी राक्षस रहते हैं। लंकापुरी एक पर्वत के ऊपर स्वर्ण निर्मित नगरी है जिसका निर्माण स्वयं विश्वकर्मा ने किया है। उसमें बड़ी सुन्दर ऊँची-ऊँची मनोरम स्वर्ण निर्मित अट्टालिकाएँ हैं। वहीं पर स्वर्णकोट से घिरी अशोकवाटिका है जिसमें रावण ने सीता को राक्षसनियों के पहरे में छिपा कर रखा है। इस समुद्र को पार करने का उपाय करो तभी तुम सीता तक पहुँच सकोगे।"

यह कह कर वह गृध्द मौन हो गया।

विशाल सागर की अपार विस्तार देख कर सभी वानर चिन्तित होकर एक दूसरे का मुँह ताकने लगे। अंगद, नल, नील आदि किसी भी सेनापति को समुद्र पार कर के जाने का साहस नहीं हुआ।

उन सबको निराश और दुःखी देख कर वृद्ध जाम्बन्त ने कहा, "हे पवनसुत! तुम इस समय चुपचाप क्यों बैठे हो? तुम तो वानरराज सुग्रीव के समान पराक्रमी हो। तेज और बल में तो राम और लक्ष्मण की भी बराबरी कर सकते हो। तुम्हारा वेग और विक्रम पक्षिराज गरुड़ से किसी भी भाँति कम नहीं है जो समुद्र में से बड़े-बड़े सर्पों को निकाल लाता है। इतना अतुल बल और साहस रखते हुये भी तुम समुद्र लाँघ कर जानकी जी तक पहुँचने के लिये तैयार क्यों नहीं होते? तुम्हें तो समुद्र या लंका में मृत्यु का भी भय नहीं है क्योंकि तुम्हें देवराज इन्द्र

से इच्छामृत्यु का वर प्राप्त है। जब तुम चाहोगे, तभी तुम्हारी मृत्यु होगी अन्यथा नहीं। तुम केशरी के क्षेत्रज और वायुदेव के औरस पुत्र हो, इसीलिये उन्हीं के सदृश तेजस्वी और अबाध गति वाले हो। हम लोगों में तुम ही सबसे अधिक साहसी और शक्तिशाली हो। इसलिये उठो और इस महासागर को लाँघ जाओ। तुम्हीं इन निराश वानरों की चिन्ता को दूर कर सकते हो। मैं जानता हूँ, इस कार्य को केवल तुम और अंगद दो ही व्यक्ति कर सकते हो, पर अंगद अभी बालक है। यदि वह चूक गया और उसकी मृत्यु हो गई तो सब लोग सुग्रीव पर कलंक लगायेंगे और कहेंगे कि अपने राज्य को निष्कंटक बनाने के लिये उसने अपने भतीजे को मरवा डाला। यदि मैं वृद्धावस्था के कारण दुर्बल न हो गया होता तो सबसे पहले मैं समुद्र लाँघता। इसलिये हे वीर! अपनी शक्ति को समझो और समुद्र लाँघने को तत्पर हो जाओ।”

जाम्बवन्त के प्रेरक वचनों को सुन कर हनुमान को अपनी क्षमता और बल पर पूरा विश्वास हो गया। अपनी भुजाओं को तान कर हनुमान ने अपने सशक्त रूप का प्रदर्शन किया और गुरुजनों से बोले, “आपके आशीर्वाद से मैं मेघ से उत्पन्न हुई बिजली की भाँति पलक मारते निराधार आकाश में उड़ जाऊँगा। मुझे विश्वास हो गया है कि मैं लंका में जा कर अवश्य विदेहकुमारी के दर्शन करूँगा।”

यह कह कर उन्होंने घोर गर्जना की जिससे समस्त वानरों के हृदय हर्ष से प्रफुल्लित हो गये। सबसे विदा ले कर हनुमान महेन्द्र पर्वत पर चढ़ गये और मन ही मन समुद्र की गहराई का अनुमान लगाने लगे।

॥किष्किन्धाकाण्ड समाप्त॥

2

बालकाण्ड रामायण

बालकाण्ड

• रामायण कथा प्रारम्भ

कौशल प्रदेश, जिसकी स्थापना वैवस्वत मनु ने की थी, पवित्र सरयू नदी के तट पर स्थित है। सुन्दर एवं समृद्ध अयोध्या नगरी इस प्रदेश की राजधानी है। वैवस्वत मनु के वंश में अनेक शूरवीर, पराक्रमी, प्रतिभाशाली तथा यशस्वी राजा हुये जिनमें से राजा दशरथ भी एक थे। राजा दशरथ वेदों के मर्मज्ञ, धर्मप्राण, दयालु, रणकुशल, और प्रजापालक थे। उनके राज्य में प्रजा कष्टरहित, सत्यनिष्ठ एवं ईश्वरभक्त थी। उनके राज्य में किसी का किसी के भी प्रति द्वेषभाव का सर्वथा अभाव था।

एक दिन दर्पण में अपने कृष्णवर्ण केशों के मध्य एक श्वेत रंग के केश को देखकर महाराज दशरथ विचार करने लगे कि अब मेरे यौवन के दिनों का अंत निकट है और अब तक मैं निःसंतान हूँ। मेरा वंश आगे कैसे बढ़ेगा तथा किसी उत्तराधिकारी के अभाव में राज्य का क्या होगा? इस प्रकार विचार करके उन्होंने पुत्र प्राप्ति हेतु पुत्रयेष्ठि यज्ञ करने का संकल्प किया। अपने कुलगुरु वशिष्ठ जी को बुलाकर उन्होंने अपना मन्तव्य बताया तथा यज्ञ के लिये उचित विधान बताने की प्रार्थना की।

उनके विचारों को उचित तथा युक्तियुक्त जान कर गुरु वशिष्ठ जी बोले, "हे राजन्! पुत्रयेष्ठि यज्ञ करने से अवश्य ही आपकी मनोकामना पूर्ण होगी ऐसा मेरा विश्वास है। अतः आप शीघ्रातिशीघ्र अश्वमेध यज्ञ करने तथा इसके लिये एक सुन्दर श्यामकर्ण अश्व छोड़ने की व्यवस्था करें।" गुरु वशिष्ठ की मन्त्रणा के अनुसार शीघ्र ही महाराज दशरथ ने सरयू नदी के उत्तरी तट पर सुसज्जित एवं अत्यन्त मनोरम यज्ञशाला का निर्माण करवाया तथा मन्त्रियों और सेवकों को सारी व्यवस्था करने की आज्ञा दे कर महाराज दशरथ ने रनिवास में जा कर अपनी तीनों रानियों कौशल्या, कैकेयी और सुमित्रा को यह शुभ समाचार सुनाया।

महाराज के वचनों को सुन कर सभी रानियाँ प्रसन्न हो गईं।

- ## राम, भरत, लक्ष्मण और शत्रुघ्न का जन्म

मन्त्रीगणों तथा सेवकों ने महाराज की आज्ञानुसार श्यामकर्ण घोड़ा चतुरंगिनी सेना के साथ छुड़वा दिया। महाराज दशरथ ने देश देशान्तर के मनस्वी, तपस्वी, विद्वान ऋषि-मुनियों तथा वेदविज्ञ प्रकाण्ड पण्डितों को यज्ञ सम्पन्न कराने के लिये बुलावा भेज दिया। निश्चित समय आने पर समस्त अभ्यागतों के साथ महाराज दशरथ अपने गुरु वशिष्ठ जी तथा अपने परम मित्र अंग देश के अधिपति लोमपाद के जामाता ऋंग ऋषि को लेकर यज्ञ मण्डप में पधारे। इस प्रकार महान यज्ञ का विधिवत शुभारम्भ किया गया। सम्पूर्ण वातावरण वेदों की ऋचाओं के उच्च स्वर में पाठ से गूँजने तथा समिधा की सुगन्ध से महकने लगा।

समस्त पण्डितों, ब्राह्मणों, ऋषियों आदि को यथोचित धन-धान्य, गौ आदि भेंट कर के सादर विदा करने के साथ यज्ञ की समाप्ति हुई। राजा दशरथ ने यज्ञ के प्रसाद चरा को अपने महल में ले जाकर अपनी तीनों रानियों में वितरित कर दिया। प्रसाद ग्रहण करने के परिणामस्वरूप परमपिता परमात्मा की कृपा से तीनों रानियों ने गर्भधारण किया।

जब चैत्र मास के शुक्ल पक्ष की नवमी तिथि को पुनर्वसु नक्षत्र में सूर्य, मंगल शनि, वृहस्पति तथा शुक्र अपने-अपने उच्च स्थानों में विराजमान थे, कर्क लग्न का उदय होते ही महाराज दशरथ की बड़ी रानी कौशल्या के गर्भ से एक शिशु का जन्म हुआ जो कि श्यामवर्ण, अत्यन्त तेजोमय, परम कान्तिवान तथा अद्भुत सौन्दर्यशाली था। उस शिशु को देखने वाले ठगे से रह जाते थे। इसके पश्चात् शुभ नक्षत्रों और शुभ घड़ी में महारानी कैकेयी के एक तथा तीसरी रानी सुमित्रा के दो तेजस्वी पुत्रों का जन्म हुआ।

सम्पूर्ण राज्य में आनन्द मनाया जाने लगा। महाराज के चार पुत्रों के जन्म के उल्लास में गन्धर्व गान करने लगे और अप्सरायें नृत्य करने लगीं। देवता अपने विमानों में बैठ कर पुष्प वर्षा करने लगे। महाराज ने उन्मुक्त हस्त से राजद्वार पर आये हुये भाट, चारण तथा आशीर्वाद देने वाले ब्राह्मणों और याचकों को दान दक्षिणा दी। पुरस्कार में प्रजा-जनों को धन-धान्य तथा दरबारियों को रत्न, आभूषण तथा उपाधियाँ प्रदान किया गया। चारों पुत्रों का नामकरण संस्कार महर्षि वशिष्ठ के द्वारा कराया गया तथा उनके नाम रामचन्द्र, भरत, लक्ष्मण और शत्रुघ्न रखे गये।

आयु बढ़ने के साथ ही साथ रामचन्द्र गुणों में भी अपने भाइयों से आगे बढ़ने तथा प्रजा में अत्यंत लोकप्रिय होने लगे। उनमें अत्यन्त विलक्षण प्रतिभा थी जिसके परिणामस्वरू अल्प काल में ही वे समस्त विषयों में पारंगत हो गये। उन्हें सभी प्रकार के अस्त्र-शस्त्रों को चलाने तथा हाथी, घोड़े एवं सभी प्रकार के वाहनों की सवारी में उन्हें असाधारण निपुणता प्राप्त हो गई। वे निरन्तर माता-पिता और गुरुजनों की सेवा में लगे रहते थे। उनका अनुसरण शेष

तीन भाई भी करते थे। गुरुजनों के प्रति जितनी श्रद्धा भक्ति इन चारों भाइयों में थी उतना ही उनमें परस्पर प्रेम और सौहार्द भी था। महाराज दशरथ का हृदय अपने चारों पुत्रों को देख कर गर्व और आनन्द से भर उठता था।

- ### महर्षि विश्वामित्र का आगमन

अयोध्यापति महाराज दशरथ के दरबार में यथोचित आसन पर गुरु वशिष्ठ, मन्त्रीगण और दरबारीगण बैठे थे।

अयोध्यानरेश ने गुरु वशिष्ठ से कहा, "हे गुरुदेव! जीवन तो क्षणभंगुर है और मैं वृद्धावस्था की ओर अग्रसर होते जा रहा हूँ। राम, भरत, लक्ष्मण और शत्रुघ्न चारों ही राजकुमार अब वयस्क भी हो चुके हैं। मेरी इच्छा है कि इस शरीर को त्यागने के पहले राजकुमारों का विवाह देख लूँ। अतः आपसे निवेदन है कि इन राजकुमारों के लिये योग्य कन्याओं की खोज करवायें।" महाराज दशरथ की बात पूरी होते ही द्वारपाल ने ऋषि विश्वामित्र के आगमन की सूचना दी। स्वयं राजा दशरथ ने द्वार तक जाकर विश्वामित्र की अभ्यर्थना की और आदरपूर्वक उन्हें दरबार के अन्दर ले आये तथा गुरु वशिष्ठ के पास ही आसन देकर उनका यथोचित सत्कार किया। .

कुशलक्षेम पूछने के पश्चात् राजा दशरथ ने विनम्र वाणी में ऋषि विश्वामित्र से कहा, "हे मुनिश्रेष्ठ! आपके दर्शन से मैं कृतार्थ हुआ तथा आपके चरणों की पवित्र धूलि से यह राजदरबार और सम्पूर्ण अयोध्यापुरी धन्य हो गई। अब कृपा करके आप अपने आने का प्रयोजन बताइए। किसी भी प्रकार की आपकी सेवा करके मैं स्वयं को अत्यंत भाग्यशाली समझूँगा।"

राजा के विनयपूर्ण वचनों को सुनकर मुनि विश्वामित्र बोले, "हे राजन्! आपने अपने कुल की मर्यादा के अनुरूप ही वचन कहे हैं। इक्ष्वाकु वंश के राजाओं की श्रद्धा भक्ति गौ, ब्राह्मण और ऋषि-मुनियों के प्रति सदैव ही रही है। मैं आपके पास एक विशेष प्रयोजन से आया हूँ, समझिये कि कुछ माँगने के लिये आया हूँ। यदि आप मुझे वांछित वस्तु देने का वचन दें तो मैं अपनी माँग आपके सामने प्रस्तुत करूँ। आप के वचन न देने की दशा में मैं बिना कुछ माँगे ही वापस लौट जाऊँगा।"

महाराज दशरथ ने कहा, "हे ब्रह्मर्षि! आप निःसंकोच अपनी माँग रखें। सम्पूर्ण विश्व जानता है कि रघुकुल के राजाओं का वचन ही उनकी प्रतिज्ञा होती है। आप माँगें तो मैं अपना शीश काट कर भी आपके चरणों में रख सकता हूँ।" उनके इन वचनों से आश्वस्त ऋषि विश्वामित्र बोले, "राजन्! मैं अपने आश्रम में एक यज्ञ कर रहा हूँ। इस यज्ञ के पूर्णाहुति के समय मारीच और सुबाहु नाम के दो राक्षस आकर रक्त, माँस आदि अपवित्र वस्तुएँ यज्ञ वेदी में फेंक देते हैं। इस प्रकार यज्ञ पूर्ण नहीं हो पाता। ऐसा वे अनेक बार कर चुके हैं। मैं उन्हें अपने तेज से श्राप देकर नष्ट भी नहीं कर सकता क्योंकि यज्ञ करते समय क्रोध करना

वर्जित है। मैं जानता हूँ कि आप मर्यादा का पालन करने वाले, ऋषि मुनियों के हितैषी एवं प्रजावत्सल राजा हैं। मैं आपसे आपके ज्येष्ठ पुत्र राम को माँगने के लिये आया हूँ ताकि वह मेरे साथ जाकर राक्षसों से मेरे यज्ञ की रक्षा कर सके और मेरा यज्ञानुष्ठान निर्विघ्न पूरा हो सके। मुझे पता है कि राम आसानी के साथ उन दोनों का संहार कर सकते हैं। अतः केवल दस दिनों के लिये राम को मुझे दे दीजिये। कार्य पूर्ण होते ही मैं उन्हें सकुशल आप के पास वापस पहुँचा दूँगा।"

विश्वामित्र की बात सुनकर राजा दशरथ को अत्यन्त विषाद हुआ। ऐसा लगने लगा कि अभी वे मूर्छित हो जायेंगे। फिर स्वयं को संभाल कर उन्होंने कहा, "मुनिवर! राम अभी बालक है। राक्षसों का सामना करना उसके लिये सम्भव नहीं होगा। आपके यज्ञ की रक्षा करने के लिये मैं स्वयं ही जाने को तैयार हूँ।" विश्वामित्र बोले, "राजन्! आप तनिक भी सन्देह न करें कि राम उनका सामना नहीं कर सकते। मैंने अपने योगबल से उनकी शक्तियों का अनुमान लगा लिया है। आप निःशंक होकर राम को मेरे साथ भेज दीजिये।"

इस पर राजा दशरथ ने उत्तर दिया, "हे मुनिश्रेष्ठ! राम ने अभी तक किसी राक्षस के माया प्रपंचों को नहीं देखा है और उसे इस प्रकार के युद्ध का अनुभव भी नहीं है। जब से उसने जन्म लिया है, मैंने उसे अपनी आँखों के सामने से कभी ओझल भी होने नहीं दिया है। उसके वियोग से मेरे प्राण निकल जावेंगे। आपसे विनय है कि कृपा करके मुझे ससैन्य चलने की आज्ञा दें।"

पुत्रमोह से ग्रसित होकर राजा दशरथ को अपनी प्रतिज्ञा से विचलित होते देख ऋषि विश्वामित्र आवेश में आ गये। उन्होंने कहा, "राजन्! मैं नहीं जानता था कि रघुकुल में अब प्रतिज्ञा पालन करने की परम्परा समाप्त हो गई है। यदि जानता होता तो मैं कदापि नहीं आता। लो मैं अब चला जाता हूँ।" बात समाप्त होते होते उनका मुख क्रोध से लाल हो गया।

विश्वामित्र को इस प्रकार क्रुद्ध होते देख कर दरबारी एवं मन्त्रीगण भयभीत हो गये और किसी प्रकार के अनिष्ट की कल्पना से वे काँप उठे। गुरु वशिष्ठ ने राजा को समझाया, "हे राजन्! पुत्र के मोह में ग्रसित होकर रघुकुल की मर्यादा, प्रतिज्ञा पालन और सत्यनिष्ठा को कलंकित मत कीजिये। मैं आपको परामर्श देता हूँ कि आप राम के बालक होने की बात को भूल कर एवं निःशंक होकर राम को मुनिराज के साथ भेज दीजिये। महामुनि अत्यन्त विद्वान, नीतिनिपुण और अस्त्र-शस्त्र के ज्ञाता हैं। मुनिवर के साथ जाने से राम का किसी प्रकार से भी अहित नहीं हो सकता उल्टे वे इनके साथ रह कर शस्त्र और शास्त्र विद्याओं में अत्यधिक निपुण हो जायेंगे तथा उनका कल्याण ही होगा।"

गुरु वशिष्ठ के वचनों से आश्वस्त होकर राजा दशरथ ने राम को बुला भेजा। राम के साथ साथ लक्ष्मण भी वहाँ चले आये। राजा दशरथ ने राम को ऋषि विश्वामित्र के साथ जाने की आज्ञा दी। पिता की आज्ञा शिरोधार्य करके राम के मुनिवर के साथ जाने के लिये तैयार हो जाने पर लक्ष्मण ने भी ऋषि विश्वामित्र से साथ चलने के लिये प्रार्थना की और अपने पिता से भी राम के साथ जाने के लिये अनुमति माँगी। अनुमति मिल जाने पर राम और लक्ष्मण

सभी गुरुजनों से आशीर्वाद ले कर ऋषि विश्वामित्र के साथ चल पड़े।

समस्त अयोध्यावासियों ने देखा कि मन्द धीर गति से जाते हुये मुनिश्रेष्ठ विश्वामित्र के पीछे पीछे कंधों पर धनुष और तरकस में बाण रखे दोनों भाई राम और लक्ष्मण ऐसे लग रहे थे मानों ब्रह्मा जी के पीछे दोनों अश्विनी कुमार चले जा रहें हों। अद्भुत् कांति से युक्त दोनों भाई गोह की त्वचा से बने दस्ताने पहने हुये थे, हाथों में धनुष और कटि में तीक्ष्ण धार वाली कृपाणें शोभायमान हो रहीं थीं। ऐसा प्रतीत होता था मानो स्वयं शौर्य ही शरीर धारण करके चले जा रहे हों।

लता विटपों के मध्य से होते हुये छः कोस लम्बा मार्ग पार करके वे पवित्र सरयू नदी के तट पर पहुँचे। मुनि विश्वामित्र ने स्नेहयुक्त मधुर वाणी में कहा, "हे वत्स! अब तुम लोग सरयू के पवित्र जल से आचमन स्नानादि करके अपनी थकान दूर कर लो, फिर मैं तुम्हें प्रशिक्षण दूँगा। सर्वप्रथम मैं तुम्हें बला और अतिबला नामक विद्याएँ सिखाऊंगा।" इन विद्याओं के विषय में राम के द्वारा जिज्ञासा प्रकट करने पर ऋषि विश्वामित्र ने बताया, "ये दोनों ही विद्याएँ असाधारण हैं। इन विद्याओं में पारंगत व्यक्तियों की गिनती संसार के श्रेष्ठ पुरुषों में होती है। विद्वानों ने इन्हें समस्त विद्याओं की जननी बताया है। इन विद्याओं को प्राप्त करके तुम भूख और प्यास पर विजय पा जाओगे। इन तेजोमय विद्याओं की सृष्टि स्वयं ब्रह्मा जी ने की है। इन विद्याओं को पाने का अधिकारी समझ कर मैं तुम्हें इन्हें प्रदान कर रहा हूँ।"

राम और लक्ष्मण के स्नानादि से निवृत होने के पश्चात् विश्वामित्र जी ने उन्हें इन विद्याओं की दीक्षा दी। इन विद्याओं के प्राप्त हो जाने पर उनके मुख मण्डल पर अद्भुत् कान्ति आ गई। तीनों ने सरयू तट पर ही विश्राम किया। गुरु की सेवा करने के पश्चात् दोनों भाई तृण शैयाओं पर सो गये।

- **कामदेव का आश्रम**

दूसरे दिन ब्राह्म-मुहूर्त में निद्रा त्याग कर मुनि विश्वामित्र तृण शैयाओं पर विश्राम करते हुये राम और लक्ष्मण के पास जा कर बोले, "हे राम और लक्ष्मण! जागो। रात्रि समाप्त हो गई है। कुछ ही काल में प्राची में भगवान भुवन-भास्कर उदित होने वाले हैं। जिस प्रकार वे अन्धकार का नाश कर समस्त दिशाओं में प्रकाश फैलाते हैं उसी प्रकार तुम्हें भी अपने पराक्रम से राक्षसों का विनाश करना है। नित्य कर्म से निवृत होओ, सन्ध्या-उपासना करो। अग्निहोत्रादि से देवताओं को प्रसन्न करो। आलस्य को त्यागो और शीघ्र उठ जाओ क्योंकि अब सोने का समय नहीं है।"

गुरु की आज्ञा प्राप्त होते ही दोनों भाइयों ने शैया त्याग दिया और नित्यकर्म एवं स्नान-ध्यान आदि से निवृत होकर मुनिवर के साथ गंगा तट की ओर चल दिये। वे गंगा और सरयू के संगम, जहाँ पर ऋषि-मुनियों तथा तपस्वियों के शान्त व सुन्दर आश्रम बने हुये थे, पर

पहुँचे। एक अत्यधिक सुन्दर आश्रम को देखकर रामचन्द्र ने गुरु विश्वामित्र से पूछा, "हे गुरुवर! यह परम रमणीक आश्रम किन महर्षि का निवास स्थान हैं?"

राम के प्रश्न के उत्तर में ऋषि विश्वामित्र ने बताया, " हे राम! यह एक विशेष आश्रम है। पूर्व काल में कैलाशपति महादेव ने यहाँ घोर तपस्या की थी। सम्पूर्ण विश्व उनकी तपस्या को देखकर विचलित हो उठा था। उनकी तपस्या से देवराज इन्द्र भयभीत हो गए और उन्होंने शंकर जी के तप को भंग करने का निश्चय किया। इस कार्य के लिये उन्होंने कामदेव को नियुक्त कर दिया। भगवान शिव पर कामदेव ने एक के बाद एक कई बाण छोड़े जिससे उनकी तपस्या में बाधा पड़ी। क्रुद्ध होकर महादेव ने अपना तीसरा नेत्र खोल दिया। उस तीसरे नेत्र की तेजोमयी ज्वाला से जल कर कामदेव भस्म हो गए। देवता होने के कारण कामदेव की मृत्यु नहीं हुई केवल शरीर ही नष्ट हुआ। इस प्रकार अंग नष्ट हो जाने के कारण उसका नाम 'अनंग' हो गया और इस स्थान का नाम अंगदेश पड़ गया। यह भगवान शिव का आश्रम है किन्तु भगवान शिव के द्वारा यहाँ पर कामदेव को भस्म कर देने के कारण इसे कामदेव का आश्रम भी कहते हैं।"

गुरु विश्वामित्र की आदेशानुसार सभी ने वहीं रात्रि विश्राम करने का निश्चय किया। राम और लक्ष्मण दोनों भाइयों ने वन से कंद-मूल-फल लाकर मुनिवर को समर्पित किये और गुरु के साथ दोनों भाइयों ने प्रसाद ग्रहण किया। तत्पश्चात् स्नान, सन्ध्या-उपासना आदि से निवृत होकर राम और लक्ष्मण गुरु विश्वामित्र से अनेक प्रकार की कथाएँ तथा धार्मिक प्रवचन सुनते रहे। अन्त में गुरु की यथोचित सेवा करने के पश्चात् आज्ञा पाकर वे परम पवित्र गायत्री मन्त्र का जाप करते हुये तृण शैयाओं पर जा विश्राम करने लगे।

- **ताड़का वध**

प्रातःकाल स्नान, सन्ध्योपासनादि कार्यों से निवृत होकर राम और लक्ष्मण गुरु विश्वामित्र के साथ सरिता तट पर पहुँचे। एक वनवासी मुनि ने विश्वामित्र के साथ दो सुकुमार बालकों को देखा तथा उनका परिचय प्राप्त कर वे एक छोटी सी सुन्दर नौका ले आये और विश्वामित्र से बोले, "हे मुनिराज! आप इन राजकुमारों के साथ इस नौका पर बैठ कर सरिता पार कर लीजिए।" विश्वामित्र जी ने उस मुनि को धन्यवाद दिया और राम तथा लक्ष्मण के साथ नौका पर सवार हो गए। इस प्रकार वे, सागर से मिलन की आतुरता में कलकलनाद के साथ दौड़ती जा रही, उस नदी को पार कर गये। नदी के उस पार एक भयानक वन था। उस वन को देखकर राम बोले, "गुरुदेव! यह वन तो बड़ा भयंकर है। सभी ओर से सिंह, व्याघ्र आदि हिंसक पशुओं के दहाड़ने और हाथियों के चिंघाड़ने की ध्वनि आ रही हैं। जंगली सूअर, भालू, वनभैंसें आदि वन्य प्राणी भ्रमण करते दृष्टिगत हो रहे हैं। वृक्षों की सघनता के कारण सूर्य का प्रकाश इस वन के भीतर घुसने का साहस नहीं कर पा रहा है और इसी कारणवश चारों

ओर अन्धकार हो रहा है। इस अति दुर्गम वन का क्या नाम है?"

राम के इस प्रश्न का उत्तर विश्वामित्र ने इस प्रकार दिया, "हे राघव! पूर्व काल में इस स्थान में वन न होकर मलदा और करुप नाम के दो बड़े समृद्ध राज्य हुआ करते थे। दोनों ही राज्य ऊँची-ऊँची अट्टालिकाओं, वीथिकाओं तथा सुन्दर पथों से सुशोभित थे तथा धन-धान्य और समृद्धि से परिपूर्ण थे। दूर-दूर के व्यापारी यहाँ पर व्यापार करने आया करते थे। किन्तु ताड़का नामक एक यक्ष कन्या ने उन दोनों राज्यों का विनाश कर दिया।"

ऋषि विश्वामित्र ने आगे बताया, "ताड़का कोई साधारण स्त्री न होकर सुन्द नाम के राक्षस की पत्नी और मारीच नामक राक्षस की माता है। उसके शरीर में हजार हाथियों के बराबर बल है और वह अत्यन्त पराक्रमी और शक्तिशाली है,। इस प्रदेश को नष्ट करने के पश्चात् ताड़का ने अपने पुत्र मारीच के साथ मिलकर यहाँ के समस्त निवासियों को मार कर खा डाला। अब उनके भय से यहाँ दो दो कोस दूर तक किसी मनुष्य की परछाईं भी दिखाई नहीं देती। भूलवश यदि कोई यहाँ आ भी जाये तो जीवित नहीं लौट पाता। उसी ताड़का का संहार करने के लिये ही मैं तुम्हें यहाँ लाया हूँ।"

राम ने आश्चर्य से पूछा, "गुरुदेव! स्त्रियाँ तो कोमल और दुर्बल होती हैं, फिर ताड़का में हजार हाथियों का बल कैसे आ गया? ऐसा प्रतीत होता है कि अवश्य कुछ न कुछ रहस्य है।"

विश्वामित्र बोले, "वत्स! तुम्हारा कथन सत्य है और वास्तव में इसके पीछे एक रहस्य है। सुकेतु नाम का एक अत्यंत बलवान यक्ष था। वह सन्तानहीन था। अतः सन्तान प्राप्ति के उद्देश्य से उसने ब्रह्मा जी की कठोर तपस्या की। उसकी तपस्या से प्रसन्न होकर ब्रह्मा जी ने उसे सन्तान होने का वरदान दे दिया परिणामस्वरूप ताड़का का जन्म हुआ। सुकेतु के द्वारा ताड़का के अत्यंत बली होने का वर माँगने पर ब्रह्मा जी ने उसके शरीर में हजार हाथियों का बल दे दिया। विवाह योग्य आयु होने पर सुकेतु ने ताड़का का विवाह सुन्द नामक राक्षस से कर दिया और उससे मारीच का जन्म हुआ। मारीच भी अपनी माता के समान बलवान और पराक्रमी था। वह सुन्द राक्षस का पुत्र होकर भी स्वयं राक्षस नहीं था किन्तु बाल्यकाल में वह बहुत उपद्रवी था। ऋषि मुनियों को अकारण कष्ट दिया करता था। उसके उपद्रवों से त्रस्त होकर एक दिन अगस्त्य मुनि ने उसे राक्षस हो जाने का शाप दे दिया। अपने पुत्र के राक्षस गति प्राप्त हो जाने से सुन्द अत्यन्त क्रोधित हो गया और अगस्त्य ऋषि को मारने दौड़ा। इस पर अगस्त्य ऋषि ने शाप देकर सुन्द को तत्काल भस्म कर दिया। अपने पति की मृत्यु का बदला लेने के लिये ताड़का भी अगस्त्य ऋषि पर झपटी। इस पर अगस्त्य ऋषि ने शाप दे कर ताड़का के सौन्दर्य को नष्ट कर दिया और वह अत्यंत कुरूप हो गई। अपनी कुरूपता को देखकर और अपने पति की मृत्यु का बदला लेने के लिये ताड़का ने अगस्त्य मुनि के आश्रम को नष्ट करने का संकल्प किया है। अतः हे राम! मैं तुम्हें आज्ञा देता हूँ कि तुम ताड़का का वध करो। तुम्हारे अतिरिक्त इसका वध कोई भी नहीं कर सकता। अपने मन से यह विचार निकाल दो कि यह स्त्री है और स्त्री का वध मैं कैसे करूँ। स्त्री के रूप में यह एक घोर पाप है और पाप को नष्ट करने में कोई पाप नहीं होता। समस्त संशय को

त्याग कर मेरी आज्ञा से तुम इस पापिनी का संहार कर दो।"

राम ने कहा, "गुरुदेव! आपकी आज्ञा मुझे शिरोधार्य है। समस्त मानवों के कल्याण के लिये मैं अवश्य ही ताड़का का वध करूँगा।" इतना कह कर राम ने अपने धनुष पर बाण रख कर उसकी प्रत्यंचा को कान तक खींच कर भयंकर टंकार किया। टंकार से उत्पन्न ध्वनि से समस्त वन प्रान्त गुंजायमान हो उठा। वन्य प्राणी भयभीत होकर इधर उधर भागने लगे। इस प्रकार की अप्रत्याशित खलबली मची देखकर ताड़का क्रोध से भर उठी। धनुष ताने राम को देखते ही इस विचार से कि कोई अपरिचित कुमार उसके साम्राज्य पर आधिपत्य करना चाहता है वह क्रोध से पागल हो गई। राम पर आक्रमण करने के लिये वह तीव्र गति से उन पर झपटी। ताड़का को अपनी ओर आते देख कर राम ने लक्ष्मण से कहा, "हे सौमित्र! ताड़ के वृक्ष जैसी विशाल और विकराल मुख वाली इस राक्षसी का शरीर कितना कुरूप है। इसकी मुख मुद्रा देख कर ही प्रतीत होता है कि यह बड़ी हिंसक है और निरीह प्राणियों की हत्या करके उनका रक्तपान करने में इसे बहुत आनन्द आता होगा। तुम एक तरफ सावधान होकर खड़े हो जाओ और देखो कि कैसे इसे मैं अभी यमलोक भेजता हूँ।"

विकराल देहधारिणी ताड़का अपने बड़े बड़े दाँत चमकाती, भुजाओं को फैलाये हुये द्रुतगामी बिजली की तरह राम और लक्ष्मण पर अत्यन्त तीव्रता के साथ झपटी। राम इस भयंकर आक्रमण के लिये पहले से ही तत्पर थे, उन्होंने तीक्ष्ण बाण चला कर उसके हृदय को छलनी कर दिया। उसके वक्षस्थल से गर्म-गर्म रक्त की धारा प्रवाहित हो उठी। वह आक्रमण करने के लिये पुनः टूट पड़े इससे पूर्व ही राम ने एक और बाण चला दिया जो सीधे उसके वक्ष में जाकर लगा। वह पीड़ा से चीखती हुई चक्कर खाकर भूमि पर गिर पड़ी और अगले ही क्षण उसके प्राण पखेरू उड़ गये। राम के इस रण कौशल और ताड़का की मृत्यु से ऋषि विश्वामित्र अत्यंत प्रसन्न हुये। उनके मुख से रामचन्द्र के लिये आशीर्वचन निकलने लगे।

गुरु की आज्ञा से वहीं पर सभी ने रात्रि व्यतीत किया। प्रातःकाल उन्होंने देखा कि ताड़का के आतंक से मुक्ति पा जाने के कारण उस वन की भयंकरता और विकरालता समाप्त हो चुकी है। कुछ समय तक उस वन की शोभा निहारने के उपरान्त स्नान-पूजन से निवृत हो कर वे महर्षि विश्वामित्र के आश्रम की ओर चल पड़े।तःकाल स्नान, सन्ध्योपासनादि कार्यो से निवृत होकर राम और लक्ष्मण गुरु विश्वामित्र के साथ सरिता तट पर पहुँचे। एक वनवासी मुनि ने विश्वामित्र के साथ दो सुकुमार बालकों को देखा तथा उनका परिचय प्राप्त कर वे एक छोटी सी सुन्दर नौका ले आये और विश्वामित्र से बोले, "हे मुनिराज! आप इन राजकुमारों के साथ इस नौका पर बैठ कर सरिता पार कर लीजिए।" विश्वामित्र जी ने उस मुनि को धन्यवाद दिया और राग तथा लक्ष्मण के साथ नौका पर सवार हो गए। इस प्रकार वे, सागर से मिलन की आतुरता में कलकलनाद के साथ दौड़ती जा रही, उस नदी को पार कर गये। नदी के उस पार एक भयानक वन था। उस वन को देखकर राम बोले, "गुरुदेव! यह वन तो बड़ा भयंकर है। सभी ओर से सिंह, व्याघ्र आदि हिंसक पशुओं के दहाड़ने और हाथियों के चिंघाड़ने की ध्वनि आ रही हैं। जंगली सूअर, भालू, वनभैंसें आदि वन्य प्राणी भ्रमण करते

दृष्टिगत हो रहे हैं। वृक्षों की सघनता के कारण सूर्य का प्रकाश इस वन के भीतर घुसने का साहस नहीं कर पा रहा है और इसी कारणवश चारों ओर अन्धकार हो रहा है। इस अति दुर्गम वन का क्या नाम है?"

राम के इस प्रश्न का उत्तर विश्वामित्र ने इस प्रकार दिया, "हे राघव! पूर्व काल में इस स्थान में वन न होकर मलदा और करुप नाम के दो बड़े समृद्ध राज्य हुआ करते थे। दोनों ही राज्य ऊँची-ऊँची अट्टालिकाओं, वीथिकाओं तथा सुन्दर पथों से सुशोभित थे तथा धन-धान्य और समृद्धि से परिपूर्ण थे। दूर-दूर के व्यापारी यहाँ पर व्यापार करने आया करते थे। किन्तु ताड़का नामक एक यक्ष कन्या ने उन दोनों राज्यों का विनाश कर दिया।"

ऋषि विश्वामित्र ने आगे बताया, "ताड़का कोई साधारण स्त्री न होकर सुन्द नाम के राक्षस की पत्नी और मारीच नामक राक्षस की माता है। उसके शरीर में हजार हाथियों के बराबर बल है और वह अत्यन्त पराक्रमी और शक्तिशाली है,। इस प्रदेश को नष्ट करने के पश्चात् ताड़का ने अपने पुत्र मारीच के साथ मिलकर यहाँ के समस्त निवासियों को मार कर खा डाला। अब उनके भय से यहाँ दो दो कोस दूर तक किसी मनुष्य की परछाईं भी दिखाई नहीं देती। भूलवश यदि कोई यहाँ आ भी जाये तो जीवित नहीं लौट पाता। उसी ताड़का का संहार करने के लिये ही मैं तुम्हें यहाँ लाया हूँ।"

राम ने आश्चर्य से पूछा, "गुरुदेव! स्त्रियाँ तो कोमल और दुर्बल होती हैं, फिर ताड़का में हजार हाथियों का बल कैसे आ गया? ऐसा प्रतीत होता है कि अवश्य कुछ न कुछ रहस्य है।"

विश्वामित्र बोले, "वत्स! तुम्हारा कथन सत्य है और वास्तव में इसके पीछे एक रहस्य है। सुकेतु नाम का एक अत्यंत बलवान यक्ष था। वह सन्तानहीन था। अतः सन्तान प्राप्ति के उद्देश्य से उसने ब्रह्मा जी की कठोर तपस्या की। उसकी तपस्या से प्रसन्न होकर ब्रह्मा जी ने उसे सन्तान होने का वरदान दे दिया परिणामस्वरूप ताड़का का जन्म हुआ। सुकेतु के द्वारा ताड़का के अत्यंत बली होने का वर माँगने पर ब्रह्मा जी ने उसके शरीर में हजार हाथियों का बल दे दिया। विवाह योग्य आयु होने पर सुकेतु ने ताड़का का विवाह सुन्द नामक राक्षस से कर दिया और उससे मारीच का जन्म हुआ। मारीच भी अपनी माता के समान बलवान और पराक्रमी था। वह सुन्द राक्षस का पुत्र होकर भी स्वयं राक्षस नहीं था किन्तु बाल्यकाल में वह बहुत उपद्रवी था। ऋषि मुनियों को अकारण कष्ट दिया करता था। उसके उपद्रवों से त्रस्त होकर एक दिन अगस्त्य मुनि ने उसे राक्षस हो जाने का शाप दे दिया। अपने पुत्र के राक्षस गति प्राप्त हो जाने से सुन्द अत्यन्त क्रोधित हो गया और अगस्त्य ऋषि को मारने दौड़ा। इस पर अगस्त्य ऋषि ने शाप देकर सुन्द को तत्काल भस्म कर दिया। अपने पति की मृत्यु का बदला लेने के लिये ताड़का भी अगस्त्य ऋषि पर झपटी। इस पर अगस्त्य ऋषि ने शाप दे कर ताड़का के सौन्दर्य को नष्ट कर दिया और वह अत्यंत कुरूप हो गई। अपनी कुरूपता को देखकर और अपने पति की मृत्यु का बदला लेने के लिये ताड़का ने अगस्त्य मुनि के आश्रम को नष्ट करने का संकल्प किया है। अतः हे राम! मैं तुम्हें आज्ञा देता हूँ कि तुम ताड़का का वध करो। तुम्हारे अतिरिक्त इसका वध कोई भी नहीं कर सकता।

अपने मन से यह विचार निकाल दो कि यह स्त्री है और स्त्री का वध मैं कैसे करूँ। स्त्री के रूप में यह एक घोर पाप है और पाप को नष्ट करने में कोई पाप नहीं होता। समस्त संशय को त्याग कर मेरी आज्ञा से तुम इस पापिनी का संहार कर दो।"

राम ने कहा, "गुरुदेव! आपकी आज्ञा मुझे शिरोधार्य है। समस्त मानवों के कल्याण के लिये मैं अवश्य ही ताड़का का वध करूँगा।" इतना कह कर राम ने अपने धनुष पर बाण रख कर उसकी प्रत्यंचा को कान तक खींच कर भयंकर टंकार किया। टंकार से उत्पन्न ध्वनि से समस्त वन प्रान्त गुंजायमान हो उठा। वन्य प्राणी भयभीत होकर इधर उधर भागने लगे। इस प्रकार की अप्रत्याशित खलबली मची देखकर ताड़का क्रोध से भर उठी। धनुष ताने राम को देखते ही इस विचार से कि कोई अपरिचित कुमार उसके साम्राज्य पर आधिपत्य करना चाहता है वह क्रोध से पागल हो गई। राम पर आक्रमण करने के लिये वह तीव्र गति से उन पर झपटी। ताड़का को अपनी ओर आते देख कर राम ने लक्ष्मण से कहा, "हे सौमित्र! ताड़ के वृक्ष जैसी विशाल और विकराल मुख वाली इस राक्षसी का शरीर कितना कुरूप है। इसकी मुख मुद्रा देख कर ही प्रतीत होता है कि यह बड़ी हिंसक है और निरीह प्राणियों की हत्या करके उनका रक्तपान करने में इसे बहुत आनन्द आता होगा। तुम एक तरफ सावधान होकर खड़े हो जाओ और देखो कि कैसे इसे मैं अभी यमलोक भेजता हूँ।"

विकराल देहधारिणी ताड़का अपने बड़े बड़े दाँत चमकाती, भुजाओं को फैलाये हुये द्रुतगामी बिजली की तरह राम और लक्ष्मण पर अत्यन्त तीव्रता के साथ झपटी। राम इस भयंकर आक्रमण के लिये पहले से ही तत्पर थे, उन्होंने तीक्ष्ण बाण चला कर उसके हृदय को छलनी कर दिया। उसके वक्षस्थल से गर्म-गर्म रक्त की धारा प्रवाहित हो उठी। वह आक्रमण करने के लिये पुनः टूट पड़े इससे पूर्व ही राम ने एक और बाण चला दिया जो सीधे उसके वक्ष में जाकर लगा। वह पीड़ा से चीखती हुई चक्कर खाकर भूमि पर गिर पड़ी और अगले ही क्षण उसके प्राण पखेरू उड़ गये। राम के इस रण कौशल और ताड़का की मृत्यु से ऋषि विश्वामित्र अत्यंत प्रसन्न हुये। उनके मुख से रामचन्द्र के लिये आशीर्वचन निकलने लगे।

गुरु की आज्ञा से वहीं पर सभी ने रात्रि व्यतीत किया। प्रातःकाल उन्होंने देखा कि ताड़का के आतंक से मुक्ति पा जाने के कारण उस वन की भयंकरता और विकरालता समाप्त हो चुकी है। कुछ समय तक उस वन की शोभा निहारने के उपरान्त स्नान-पूजन से निवृत हो कर वे महर्षि विश्वामित्र के आश्रम की ओर चल पड़े।

- विश्वामित्र द्वारा राम को अलभ्य अस्त्रों का दान

मार्ग में एक सुरम्य सरोवर दृष्टिगत हुआ। सरोवर के तट पर रुक कर विश्वामित्र कहा, "हे राम! ताड़का का वध करके तुमने बहुत बड़ा मानव कल्याण का कार्य किया है। मैं तुम्हारे इस कार्य, पराक्रम एवं चातुर्य से अत्यधिक प्रसन्न हूँ। मैं तुन्हें आज तुम्हें कुछ ऐसे दुर्लभ

अस्त्र प्रदान करता हूँ जिनकी सहायता से तुम दुर्दमनीय देवताओं, राक्षसों, यक्षों, नागादिकों को भी परास्त कर सकोगे। ये दण्डचक्र, धर्मचक्र, कालचक्र और इन्द्रचक्र नामक अस्त्र हैं। इन्हें तुम धारण करो। इनके धारण करने के पश्चात् तुम किसी भी शत्रु को परास्त करने का सामर्थ्य प्राप्त कर लोगे। इनके अतिरिक्त मैं तुम्हें विद्युत निर्मित वज्रास्त्र, शिव जी का शूल, ब्रह्मशिर, एषीक और समस्त अस्त्रों से अधिक शक्तिशाली ब्रह्मास्त्र देता हूँ। इन्हें पा कर तुम तीनों लोकों में सर्वाधिक शक्ति सम्पन्न हो जाओगे। मैं तुम्हारी वीरता से इतना अधिक प्रसन्न हूँ कि तुम्हें प्रचण्ड मोदकी व शिखर नाम की गदाएँ प्रदान करते हुये मुझे अत्यंत हर्ष हो रहा है। मैं तुम्हें सूखी और गीली दोनों ही प्रकार की अशनी व पिनाक के साथ ही साथ नारायणास्त्र, आग्नेयास्त्र, वायव्यास्त्र, हयशिरास्त्र एवं क्रौंच अस्त्र भी तुम्हें प्रदान करता हूँ। अस्त्रों के अतिरिक्त मैं तुम्हें कुछ पाश भी देता हूँ जिनमें धर्मपाश, कालपाश एवं वरुणपाश मुख्य हैं। इनके पाशों के द्वारा तुम अत्यन्त फुर्तीले शत्रु को भी बाँध कर निष्क्रिय बनाने में समर्थ हो जाओगे। राम! कुछ अस्त्र ऐसे हैं जिनका प्रयोग असुर लोग करते हैं। नीति कहती है कि शत्रुओं को उनके ही शस्त्रास्त्रों से मारना चाहिये। इसलिये मैं तुम्हें असुरों के द्वारा प्रयोग किये जाने वाले कंकाल, मूसल, घोर कपाल और किंकणी नामक अस्त्र भी देता हूँ। कुछ अस्त्र का प्रयोग विद्याधर करते हैं। उनमें प्रधान अस्त्र हैं खड्ग, मोहन, प्रस्वापन, प्रशमन, सौम्य, वर्षण, सन्तापन, विलापन, मादनास्त्र, गन्धर्वास्त्र, मानवास्त्र, पैशाचास्त्र, तामस और अद्वितीय सौमनास्त्र; इन सभी अस्त्रों को भी मैं तुम्हें देता हूँ। ये मौसलास्त्र, सत्यास्त्र, असुरों का मायामय अस्त्र और भगवान सूर्य का प्रभास्त्र, हैं जिन्हें दिखाने मात्र से शत्रु निस्तेज होकर नष्ट हो जाते हैं। इन्हें भी तुम ग्रहण करो। अब इन अस्त्रों को देखो, ये कुछ विशेष प्रकार के अस्त्र हैं। ये सोम देवता द्वारा प्रयोग किये जाने वाले शिशर एवं दारुण नाम के अस्त्र हैं। शिशर के प्रयोग से शत्रु शीत से अकड़ कर और दारुण के प्रयोग से शत्रु गर्मी से व्याकुल होकर मूर्छित हो जाते हैं। हे वीरश्रेष्ठ! तुम इन अनुपम शक्ति वाले, शत्रुओं का मान मर्दन करने वाले और समस्त मनोकामनाओं को पूर्ण कराने वाले अस्त्रों को धारण करो।"

इतना कह कर महामुनि ने सम्पूर्ण अस्त्रों को, जो देवताओं को भी दुर्लभ हैं, बड़े स्नेह के साथ राम को प्रदान कर दिया। उन अस्त्रों को पाकर राम अत्यन्त प्रसन्न हुये और उन्होंने श्रद्धा के साथ गुरु को चरणों में प्रणाम किया और कहा, "गुरुदेव! आपकी इस कृपा से मैं कृतार्थ हो गया हूँ। अब देवता, दैत्य, राक्षस, यक्ष आदि कोई भी मुझे परास्त नहीं कर सकता, मनुष्य की तो खैर बात ही क्या है। किन्तु मुनिवर! इसी प्रकार के अस्त्र गन्धर्वों, देवताओं, राक्षसों आदि के पास भी होंगे और उनका प्रयोग वे मुझ पर भी कर सकते हैं। कृपा करके उनसे बचने के उपाय भी मुझे बताइये। इसके अतिरिक्त ऐसा भी उपाय बताइये जिससे इन अस्त्रों को छोड़ने के पश्चात् अपना कार्य कर के ये अस्त्र पुनः मेरे पास वापस आ जावें।" राम के इस प्रकार कहने पर विश्वामित्र बोले, "राघव! शत्रुओं के अस्त्रों को मार्ग में ही काट कर नष्ट करने वाले इन सत्यवान, सत्यकीर्ति, प्रतिहार, पराड्मुख, अवान्मुख, लक्ष्य, उपलक्ष्य

आदि इन अस्त्रों को भी तु ग्रहण करो।" इन अस्त्रों को देने के बाद गुरु विश्वामित्र ने राम को वे विधियाँ भी बताईं जिनके द्वारा प्रयोग किये हुये अस्त्र वापस आ जाते हैं।

चलते चलते वे वन के अन्धकार से निकल कर ऐसे स्थान पर पहुँचे जो भगवान भास्कर के दिव्य प्रकाश से आलोकित हो रहा था और सामने नाना प्रकार के सुन्दर वृक्ष, मनोरम उपत्यका एवं मनोमुग्धकारी दृश्य दिखाई दे रहे थे। रामचन्द्र ने विश्वामित्र से पूछा, "हे मुनिराज! सामने पर्वत की सुन्दर उपत्यकाओं में हरे हरे वृक्षों की जो लुभावनी पंक्तियां दृष्टिगत हो रही हैं, उनके पीछे ऐसा प्रतीत होता है कि जैसे कोई आश्रम है। क्या वास्तव में ऐसा है या यह मेरी कल्पना मात्र है? वहाँ सुन्दर सुन्दर मधुरभाषी पक्षियों के झुण्ड भी दिखाई दे रहे हैं, जिससे प्रतीत होता है कि मेरी कल्पना निराधार नहीं है।"

- विश्वामित्र का आश्रम

चलते-चलते वे वन के अन्धकार से निकल कर ऐसे स्थान पर पहुँचे जो भगवान भास्कर के दिव्य प्रकाश से आलोकित हो रहा था और सामने नाना प्रकार के सुन्दर वृक्ष, मनोरम उपत्यका एवं मनोमुग्धकारी दृश्य दिखाई दे रहे थे। रामचन्द्र ने विश्वामित्र से पूछा, "हे मुनिराज! सामने पर्वत की सुन्दर उपत्यकाओं में हरे हरे वृक्षों की जो लुभावनी पंक्तियां दृष्टिगत हो रही हैं, उनके पीछे ऐसा प्रतीत होता है कि जैसे कोई आश्रम है। क्या वास्तव में ऐसा है या यह मेरी कल्पना मात्र है? वहाँ सुन्दर-सुन्दर मधुरभाषी पक्षियों के झुण्ड भी दिखाई दे रहे हैं, जिससे प्रतीत होता है कि मेरी कल्पना निराधार नहीं है।"

विश्वामित्र जी ने कहा, "हे वत्स! यह वास्तव में आश्रम ही है और इसका नाम सिद्धाश्रम है।"

यह सुन कर लक्ष्मण ने पूछा, "गुरुदेव! इसका नाम सिद्धाश्रम क्यों पड़ा?"

विश्वामित्र जी ने कहा, "इस सम्बन्ध में भी एक कथा प्रचलित है। प्राचीन काल में बलि नाम का एक राक्षस था। बलि बहुत पराक्रमी और बलशाली था और समस्त देवताओं को पराजित कर चुका था। एक बार उसी बलि ने यहाँ पर एक महान यज्ञ का अनुष्ठान किया था। इस यज्ञानुष्ठान से उसकी शक्ति में और भी वृद्धि हो जाने वाली थी। इस बात को विचार कर के देवराज इन्द्र अत्यंत भयभीत हो गया। इन्द्र समस्त देवताओं को साथ लेकर भगवान विष्णु के पास पहुँचा और उनकी स्तुति करने के पश्चात् उनसे प्रार्थना की, "हे त्रिलोकीनाथ! राजा बलि ने समस्त देवताओं को परास्त कर दिया है और अब वह एक विराट यज्ञ कर रहा है। वह महादानी और उदार हृदय राक्षस है। उसके द्वार से कोई भी याचक खाली हाथ नहीं लौटता। उसकी तपस्या, तेजस्विता और यज्ञादि शुभ कर्मों से देवलोक सहित सम्पूर्ण ब्रह्माण्ड काँप उठा है। यदि उसका यह यज्ञ पूर्ण हो जायेगा तो वह इन्द्रासन को प्राप्त कर लेगा। इन्द्रासन पर किसी राक्षस का अधिकार होना सुरों की परम्परा के विरुद्ध है। अतएव, हे लक्ष्मीपति! आप से प्रार्थना है कि आप कुछ ऐसा उपाय करें कि उसका यज्ञ पूर्ण न हो पाये।"

उनकी इस प्रार्थना पर भगवान विष्णु ने कहा, "आप सभी देवता निर्भय और निश्चिंत होकर अपने अपने धाम में वापस चले जाएँ। आप लोगों का मनोरथ पूर्ण करने के लिये मैं शीघ्र ही उपाय करूँगा।"

देवताओं के चले जाने के बाद भगवान विष्णु वामन (बौने) का रूप धारण करके वहाँ पहुँचे जहाँ पर बलि यज्ञ कर रहा था। इस बौने किन्तु परम तेजस्वी ब्राह्मण से राजा बलि अत्यधिक प्रभावित हुये और बोले, "विप्रवर! आपका स्वागत है। आज्ञा कीजिये, मैं आपकी क्या सेवा कर सकता हूँ?"

बलि के इस तरह कहने पर वामन रूपधारी भगवान विष्णु ने कहा, "राजन्! मुझे बैठ कर भगवान का भजन करने के लिए सिर्फ ढाई चरण भूमि की आवश्यकता है।"

इस पर राजा बलि ने प्रसन्नता पूर्वक वामन को ढाई चरण भूमि नापने की अनुमति दे दी। अनुमति मिलते ही भगवान विष्णु ने विराट रूप धारण किया और एक चरण में सम्पूर्ण आकाश को और दूसरे चरण में पृथ्वी सहित पूरे पाताल को नाप लिया और पूछा, "राजन! आपका समस्त राज्य तो मेरे दो चरण में ही आ गये। अब शेष आधा चरण से मैं क्या नापूँ?"

बलि के द्वार से कभी भी कोई याचक खाली हाथ नहीं गया था। बलि इस याचक को भी निराश नहीं लौटने देना चाहता था। उसने कहा, "हे ब्राह्मण! अभी मेरा शरीर बाकी है। आप मेरे इस शरीर पर अपना आधा चरण रख दीजिये।"

इस पर भगवान विष्णु ने बलि को भी अपने आधे चरण में नाप लिया। (बलि का यह दान इतना महान था कि बलिदान के नाम से विख्यात हो गया।) भगवान विष्णु ने बलि की दानशीलता से प्रसन्न होकर उसे वरदान दिया कि यह स्थान सदा पवित्र माना जायेगा, सिद्धाश्रम कहलायेगा और यहाँ तपस्या करने वाले को शीघ्र ही समस्त सिद्धियाँ प्राप्त होंगी।

उसी समय से यह स्थान सिद्धाश्रम के नाम से विख्यात है और बहुत से ऋषि मुनि- यहाँ तपस्या करके मुक्ति लाभ करते हैं। मेरे स्वयं का आश्रम भी इसी स्थान पर है। मैं यहीं बैठ कर अपना यज्ञ सम्पन्न करना चाहता हूँ। जब-जब मैंने यज्ञ प्रारम्भ किया तब-तब राक्षसों ने उसमें बाधा डाली है और उसे कभी पूर्ण नहीं होने दिया। अब तुम आ गये हो और मैं निश्चिन्त होकर यज्ञ पूरा कर सकूँगा।

इस प्रकार की बातें करते हुये विश्वामित्र ने राम और लक्ष्मण के साथ अपने आश्रम में पदार्पण किया। वहाँ रहने वाले समस्त ऋषि मुनियों और उनके शिष्यों ने उनका स्वागत सत्कार किया। राम ने विनीत स्वर में गुरु विश्वामित्र से कहा, "मुनिराज! आप आज ही यज्ञ का शुभारम्भ कीजिये। मैं आपको विश्वास दिलाता हूँ कि मैं आपके यज्ञ की रक्षा करते हुये इस पवित्र प्रदेश को राक्षसों से मुक्त कर दूँगा।"

राम के इन वचनों को सुन कर विश्वामित्र यज्ञ सामग्री एकत्रित करने में जुट गये।

- **मारीच का वध एवं और सुबाहु को समुद्र में फेंकना**

दूसरे दिन ब्राह्म मुहूर्त में उठ कर तथा नित्यकर्म और सन्ध्या-उपसना आदि निवृत होकर राम और लक्ष्मण गुरु विश्वामित्र के पास जा कर बोले, "गुरुदेव! कृपा करके हमें यह बताइये कि राक्षस यज्ञ में विघ्न डालने के लिये किस समय आते हैं। यह हम इसलिये जानना चाहते हैं कि कहीं ऐसा न हो कि हमारे अनजाने में ही वे आकर उपद्रव मचाने लगें।"

दशरथ के वीर पुत्रों के इन उत्साहभरे इन वचनों को सुन कर वहाँ पर उपस्थित समस्त ऋषि-मुनि अत्यंत प्रसन्न हुये और बोले, "हे रघुकुलभूषण राजकुमारों! यज्ञ की रक्षा करने के लिये तुमको आज से छः दिनों तथा रात्रियों तक पूर्ण रूप से सावधान मुद्रा में और सजग रहना होगा। इन छः दिनों मे विश्वामित्र जी मौन होकर यज्ञ करेंगे। इस समय भी वे तुम्हारे किसी भी प्रश्न का उत्तर नहीं देंगे क्योंकि वे यज्ञ की दीक्षा ले चुके हैं।"

सूचना पा कर राम और लक्ष्मण दोनों भाई अपने समस्त शस्त्रास्त्रों से सुसज्जित होकर यज्ञ की रक्षा में तत्पर हो गये। पाँच दिन और पाँच रात्रि तक वे निरन्तर बिना किसी विश्राम के सतर्कता के साथ यज्ञ की रक्षा करते रहे किन्तु इस अवधि में किसी भी प्रकार की विघ्न-बाधा नहीं आई। छठवें दिन राम ने लक्ष्मण से कहा, "भाई सौमित्र! यज्ञ का आज अन्तिम दिन है और उपद्रव करने के लिये राक्षसों की आने की पूर्ण सम्भावना है। आज हमें विशेष रूप से सावधान रहने की आवश्यकता है। तनिक भी असावधानी से मुनिराज का यज्ञ और हमारा परिश्रम निष्फल और निरर्थक हो सकते हैं।"

राम ने लक्ष्मण को अभी सचेष्ट किया ही था कि यज्ञ सामग्री, चमस, समिधा आदि अपने आप भभक उठे। आकाश से ऐसी ध्वनि आने लगी जैसे मेघ गरज रहे हों और सैकड़ों बिजलियाँ तड़क रही हों। इसके पश्चात् मारीच और सुबाहु की राक्षसी सेना रक्त, माँस, मज्जा, अस्थियों आदि की वर्षा करने लगी। रक्त गिरते देखकर राम ने उपद्रवकारियों पर एक खोजपूर्ण दृष्टि डाली। आकाश में मायावी राक्षसों की सेना को देख कर राम ने लक्ष्मण से कहा, "लक्ष्मण! तुम धनुष पर शर-संधान करके सावधान हो जाओ। मैं मानवास्त्र चला कर इन महापापियों की सेना का अभी नाश किये देता हूँ।"

यह कह कर राम ने असाधारण फुर्ती और कौशल का प्रदर्शन करते हुये उन पर मानवास्त्र छोड़ा। मानवास्त्र आँधी के वेग से जाकर मारीच की छाती में लगा और वह उसके वेग के कारण उड़कर एक सौ योजन अर्थात् चार सौ कोस दूर समुद्र में जा गिरा। इसके पश्चात् राम ने आकाश में आग्नेयास्त्र फेंका जिससे अग्नि की एक भयंकर ज्वाला प्रस्फुटित हुई और उसने सुबाहु को चारों ओर से आवृत कर लिया। इस अग्नि की ज्वाला ने क्षण भर में उस महापापी को जला कर भस्म कर दिया। जब उसका जला हुआ शरीर पृथ्वी पर गिरा तो एक बड़े जोर का धमाका हुआ। उसके आघात से अनेक वृक्ष टूट कर भूमि पर गिर पड़े। मारीच और सुबाहु पर आक्रमण समाप्त करके राम ने बचे खुचे राक्षसों का नाश करने के लिये वायव्य नामक अस्त्र छोड़ दिया। उस अस्त्र के प्रहार से राक्षसों की विशाल सेना के वीर

मर मर कर ओलों की भाँति भूमि पर गिरने लगे। इस प्रकार थोड़े ही समय में सम्पूर्ण राक्षसी सेना का नाश हो गया। चारों ओर राम की जय जयकार होने लगी तथा पुष्पों की वर्षा होने लगी। निर्विघ्न यज्ञ समाप्त करके मुनि विश्वामित्र यज्ञ वेदी से उठे और राम को हृदय से लगाकर बोले, "हे रघुकुल कमल! तुम्हारे भुबजल के प्रताप और युद्ध कौशल से आज मेरा यज्ञ सफल हुआ। उपद्रवी राक्षसों का विनाश करके तुमने वास्तव में आज सिद्धाश्रम को कृतार्थ कर दिया।"

- ## धनुष यज्ञ के लिये प्रस्थान

दूसरे दिन राम और लक्ष्मण अपने नित्यकर्मों और सन्ध्योवन्दनादि से निवृत हुए और प्रणाम करने के उद्देश्य से गुरु विश्वामित्र के पास पहुँचे। वहाँ उपस्थित आश्रमवासी तपस्वियों से राम और लक्ष्मण को ज्ञात हुआ कि मिथिला में राजा जनक ने धनुष यज्ञ का आयोजन किया है। उस धनुष यज्ञ में देश-देशान्तर के राजा लोग भाग लेने के लिये आ रहे हैं।

रामचन्द्र ने गुरु विश्वामित्र से पूछा, "गुरुदेव! इस धनुष की क्या विशेषता है और इस यज्ञ का आयोजन का उद्देश्य क्या है?"

ऋषि विश्वामित्र ने बताया, "हे राम! जनक मिथिलापुरी के राजाओं की उपाधि है जो चिरकाल से चली आ रही है। प्राचीन काल में किसी समय देवरात नामक पूर्वपुरुष ने बड़ी निष्ठा और श्रद्धा के साथ यज्ञ किया था जिसमें उसने देवताओं को भी आमन्त्रित किया था। देवताओं ने देवरात के इस यज्ञ से प्रसन्न होकर उसे पिनाक नाम का धनुष प्रदान किया था। यह धनुष अत्यन्त सुन्दर, भव्य और गरिमामय है और साथ ही साथ यह बहुत भारी और शक्तिशाली भी है। बड़े बड़े बलवान, पराक्रमी और रणकुशल योद्धा तथा शूरवीर इस पर प्रत्यंचा चढ़ाना तो दूर, इसे उठा भी नहीं सकते। अपनी एकमात्र रूपवती एवं लावण्यमयी कन्या सीता के स्वयंवर के लिये मिथिला नरेश ने प्रतिज्ञा की है कि जो भी पराक्रमी वीर राजकुमार या राजा इस धनुष पर प्रत्यंचा चढ़ा देगा उसके साथ वे अपनी कन्या का विवाह कर देंगे। अनेक देशों के राजा एवं राजकुमार भारी संख्या में इस यज्ञ में भाग लेने के लिये मिथिलापुरी पहुँच रहे हैं। हम लोगों की भी इच्छा इस यज्ञ को देखने की है। अतः तुम भी हमारे साथ मिथिला पुरी चलो। उसे देख कर तुम लोगों को भी प्रसन्नता होगी।"

महर्षि का आदेशानुसार राम और लक्ष्मण ने भी विश्वामित्र तथा अन्य ऋषि-मुनियों के साथ मिथिलापुरी की ओर प्रस्थान किया। मार्ग में अनेक प्रकार के दृश्यों का अवलोकन करते हुये वे आध्यात्मिक चर्चा भी करते जाते थे। इस प्रकार वे शोण नदी के तट पर पहुँचे। विश्वामित्र सहित सभी ऋषि मुनियों एवं राजकुमारों ने सरिता के शीतल जल में स्नान किया। इसके पश्चात् सन्ध्या-उपासना आदि से निवृत होकर धार्मिक कथाओं की चर्चा में

व्यस्त हो गये। रात्रि अधिक हो जाने पर गुरु की आज्ञा से सभी ने वहीं रात्रि व्यतीत की।

प्रातः नित्यकर्मो तथा सन्ध्यावन्दनादि से निवृत होने के पश्चात् यह मण्डली आगे की ओर बढ़ी। वे परम पावन गंगा नदी के तट पर पहुँचे। उस समय मध्यानह्न होने के कारण भगवान भास्कर आकाश के मध्य में पहुँच चुके थे और गंगा का दृष्य अत्यंत मनोरम दिखाई दे रहा था। अठखेलियाँ करती हुई लहरों में सूर्य के अनेकों प्रतिबिम्ब दिखाई दे रहे थे। जल में कौतुकमयी मछलियाँ क्रीड़ा कर रही थीं और नभ में सारस, हंस जैसे पक्षी अपनी मीठी बोली में बोल रहे थे। दूर दूर तक सुनहरे रेत के कण बिखरे पड़े थे और तटवर्ती वृक्षों की अनुपम शोभा दृष्टिगत हो रही थी।

राम इस दृष्य को अपलक दृष्टि से देख रहे थे। उन्हें देख कर विश्वामित्र ने पूछा, "वत्स! इतना भावविभोर होकर तुम क्या देख रहे हो?" राम ने कहा, "गुरुदेव! मैं सुरसरि की इस अद्भुत छटा को देख रहा हूँ। इस परम पावन सलिला के दर्शन मात्र से मेरे हृदय को अपूर्व शान्ति मिल रही है। भगवन्! मैं आपके श्रीमुख से यह सुनना चाहता हूँ कि इस कलुषहारिणी पवित्र गंगा की उत्पत्ति कैसे हुई?

राम का प्रश्न सुन कर ऋषि विश्वामित्र बोले, "हे राम! अनेक प्रकार के कष्टों और तापों का निवारण करने वाली गंगा की कथा अत्यंत मनोरंजक तथा रोचक है। मैं तुम सभी को यह कथा सुनाता हूँ।

ऋषि विश्वामित्र ने इस प्रकार कथा सुनाना आरम्भ किया, "पर्वतराज हिमालय की अत्यंत रूपवती, लावण्यमयी एवं सर्वगुण सम्पन्न दो कन्याएँ थीं। इन कन्याओं की माता, सुमेरु पर्वत की पुत्री, मैना थीं। बड़ी कन्या का नाम गंगा तथा छोटी कन्या का नाम उमा था। गंगा अत्यन्त प्रभावशाली और असाधारण दैवी गुणों से सम्पन्न थी। वह किसी बन्धन को स्वीकार न कर मनमाने मार्गों का अनुसरण करती थी। उसकी इस असाधारण प्रतिभा से प्रभावित होकर देवता लोग विश्व के कल्याण की दृष्टि से उसे हिमालय से माँग कर ले गये। पर्वतराज की दूसरी कन्या उमा बड़ी तपस्विनी थी। उसने कठोर एवं असाधारण तपस्या करके शिव जी को वर के रूप में प्राप्त किया।"

विश्वामित्र के इतना कहने पर राम ने कहा, "हे भगवन्! जब गंगा को देवता लोग सुरलोक ले गये तो वह पृथ्वी पर कैसे अवतरित हुई और गंगा को त्रिपथगा क्यों कहते हैं?"

राम के इस प्रश्न का उत्तर देते हुए ऋषि विश्वामित्रत ने कहा, "सुरलोक में विचरण करती हुई गंगा से उमा की भेंट हुई। गंगा ने उमा से कहा कि मुझे सुरलोक में विचरण करते हुये बहुत दिन हो गये हैं। मेरी इच्छा है कि मैं अपनी मातृभूमि पृथ्वी पर विचरण करूँ। उमा ने गंगा आश्वासन दिया कि वे इसके लिये कोई प्रबन्ध करने का प्रयत्न करेंगी।"

- गंगा-जन्म की कथा

ऋषि विश्वामित्र ने कहा, "वत्स राम! तुम्हारी ही अयोध्यापुरी में सगर नाम के एक राजा थे। वे पुत्रहीन थे। सगर की पटरानी का नाम केशिनी था जो कि विदर्भ प्रान्त के राजा की पुत्री थी। केशिनी रूपवती, धर्मात्मा और सत्यपरायण थी। सगर की दूसरी रानी का नाम था सुमति जो राजा अरिष्टनेमि की कन्या थी। महाराज सगर अपनी दोनों रानियों को लेकर हिमालय के भृगुप्रस्रवण नामक प्रान्त में गए और पुत्र प्राप्ति के लिये तपस्या करने लगे। उनकी तपस्या से महर्षि भृगु प्रसन्न हुए और उन्हें वर दिया कि तुम्हें अनेक पुत्रों की प्राप्ति होगी। दोनों रानियों में से एक का केवल एक ही पुत्र होगा जो कि वंश को बढ़ायेगा और दूसरी के साथ हजार पुत्र होंगे। कौन सी रानी कितने पुत्र चाहती है इसका निर्णय वे स्वयं आपस में मिलकर कर लें। केशिनी ने वंश को बढ़ाने वाले एक पुत्र की कामना की और गरुड़ की भगिनी सुमति ने साठ हजार बलवान पुत्रों की।

"कुछ काल के पश्चात् रानी केशिनी ने असमञ्ज नामक पुत्र को जन्म दिया। रानी सुमति के गर्भ से एक तूंबा निकला जिसे फोड़ने पर छोटे छोटे साठ हजार पुत्र निकले। उन सबका पालन पोषण घी के घड़ों में रखकर किया गया।* कालचक्र व्यतीत होते गया और सभी राजकुमार युवा हो गये। सगर का ज्येष्ठ पुत्र असमञ्ज बड़ा दुराचारी था और उसे नगर के बालकों को सरयू नदी में फेंक कर उन्हें डूबते हुये देखने में बड़ा आनन्द आता था। इस दुराचारी पुत्र से दुःखी होकर सगर ने उसे अपने राज्य से निर्वासित कर दिया। असमञ्ज के अंशुमान नाम का एक पुत्र था। अंशुमान अत्यंत सदाचारी और पराक्रमी था। एक दिन राजा सगर के मन में अश्वमेघ यज्ञ करवाने का विचार आया। शीघ्र ही उन्होंने अपने इस विचार को कार्यरूप में परिणित कर दिया।"

राम ने ऋषि विश्वामित्र से कहा, "गुरुदेव! मेरी रुचि अपने पूर्वज सगर की यज्ञ गाथा को विस्तारपूर्वक सुनने में है। अतः कृपा करके इस वृत्तान्त को पूरा पूरा सुनाइये।"

राम के इस प्रकार से जिज्ञासा व्यक्त करने पर ऋषि विश्वामित्र प्रसन्न होकर कहने लगे, " राजा सगर ने हिमालय एवं विन्ध्याचल के बीच की हरीतिमायुक्त भूमि पर एक विशाल यज्ञ मण्डप का निर्माण करवाया। फिर अश्वमेघ यज्ञ के लिये श्यामकर्ण घोड़ा छोड़कर उसकी रक्षा के लिये पराक्रमी अंशुमान को सेना के साथ उसके पीछे पीछे भेज दिया। यज्ञ की सम्भावित सफलता के परिणाम की आशंका से भयभीत होकर इन्द्र ने एक राक्षस का रूप धारण किया और उस घोड़े को चुरा लिया। घोड़े की चोरी की सूचना पाकर सगर ने अपने साठ हजार पुत्रों को आज्ञा दी कि घोड़ा चुराने वाले को पकड़कर या मारकर घोड़ा वापस लाओ। पूरी पृथ्वी में खोजने पर भी जब घोड़ा नहीं मिला तो, इस आशंका से कि किसीने घोड़े को तहखाने में न छुपा रखा हो, सगर के पुत्रों ने सम्पूर्ण पृथ्वी को खोदना आरम्भ कर दिया। उनके इस कार्य से असंख्य भूमितल निवासी प्राणी मारे गये। खोदते खोदते वे पाताल तक जा पहुँचे। उनके इस नृशंस कृत्य के विषय में देवताओं ने ब्रह्मा जी को बताया तो ब्रह्मा जी ने कहा कि ये राजकुमार क्रोध एवं मद में अन्धे होकर ऐसा कर रहे हैं। पृथ्वी की रक्षा कर दायित्व कपिल ऋषि पर है इसलिये वे इस विषय में अवश्य ही कुछ न कुछ करेंगे। पूरी पृथ्वी को खोदने के

बाद भी जब घोड़ा और उसको चुराने वाला चोर नहीं मिला तो निराश होकर राजकुमारों ने इसकी सूचना अपने पिता को दी। क्रुद्ध सगर ने आदेश दिया कि घोड़े को पाताल में जाकर ढूंढो। पाताल में घोड़े को खोजते खोजते वे सनातन वसुदेव कपिल के आश्रम में पहुँच गये। उन्होंने देखा कपिलदेव तपस्या में लीन हैं और उन्हीं के पास यज्ञ का वह घोड़ा बँधा हुआ है। उन्होंने कपिल मुनि को घोड़े का चोर समझकर उनके लिये अनेक दुर्वचन कहे और उन्हें मारने के लिये दौड़े। सगर के इन कुकृत्यों से कपिल मुनि की समाधि भंग हो गई। उन्होंने क्रुद्ध होकर सगर के उन सब पुत्रों को भस्म कर दिया।"

ऋषि विश्वामित्र ने आगे कहा, "बहुत दिनों तक अपने पुत्रों की सूचना नहीं मिलने पर महाराज सगर ने अपने तेजस्वी पौत्र अंशुमान को अपने पुत्रों तथा घोड़े का पता लगाने के लिये आदेश दिया। वीर अंशुमान शस्त्रास्त्रों से सुसज्जित होकर अपने चाचाओं के द्वारा बनाए गए मार्ग से पाताल की ओर चल पड़ा। मार्ग में मिलने वाले पूजनीय ऋषि मुनियों का यथोचित सम्मान करके अपने लक्ष्य के विषय में पूछता हुआ उस स्थान तक पहुँच गया जहाँ पर उसके चाचाओं के भस्मीभूत शरीरों की राख पड़ी थी और पास ही यज्ञ का घोड़ा चर रहा था। अपने चाचाओं के भस्मीभूत शरीरों को देखकर उसे अत्यन्त क्षोभ हुआ। उसने उनका तर्पण करने के लिये जलाशय की खोज की किन्तु उसे कोई भी जलाशय दृष्टिगत नहीं हुआ। तभी उसकी दृष्टि अपने चाचाओं के मामा गरुड़ पर पड़ी। उन्हें सादर प्रणाम करके अंशुमान ने पूछा कि हे पितामह! मैं अपने चाचाओं का तर्पण करना चाहता हूँ। समीप में यदि कोई सरोवर हो तो कृपा करके उसका पता बताइये। यदि आपको इनकी मृत्यु के विषय में कुछ जानकारी है तो वह भी मुझे बताने की कृपा करें। गरुड़ जी ने बताया कि किस प्रकार किस प्रकार से इन्द्र ने घोड़े को चुरा कर कपिल मुनि के पास छोड़ दिया था और उसके चाचाओं ने कपिल मुनि के साथ उद्दण्ड व्यवहार किया था जिसके कारण कपिल मुनि ने उन सबको भस्म कर दिया। इसके पश्चात् गरुड जी ने अंशुमान से कहा कि ये सब अलौकिक शक्ति वाले दिव्य पुरुष के द्वारा भस्म किये गये हैं अतः लौकिक जल से तर्पण करने से इनका उद्धार नहीं होगा, केवल हिमालय की ज्येष्ठ पुत्री गंगा के जल से ही तर्पण करने पर इनका उद्धार सम्भव है। अब तुम घोड़े को लेकर वापस चले जाओ जिससे कि तुम्हारे पितामह का यज्ञ पूर्ण हो सके। गरुड़ जी की आज्ञानुसार अंशुमान वापस अयोध्या पहुँचे और अपने पितामह को सारा वृत्तान्त सुनाया। महाराज सगर ने दुःखी मन से यज्ञ पूरा किया। वे अपने पुत्रों के उद्धार करने के लिये गंगा को पृथ्वी पर लाना चाहते थे पर ऐसा करने के लिये उन्हें कोई भी युक्ति न सूझी।"

थोड़ा रुककर ऋषि विश्वामित्र कहा, "महाराज सगर के देहान्त के पश्चात् अंशुमान बड़ी न्यायप्रियता के साथ शासन करने लगे। अंशुमान के परम प्रतापी पुत्र दिलीप हुये। दिलीप के वयस्क हो जाने पर अंशुमान दिलीप को राज्य का भार सौंप कर हिमालय की कन्दराओं में जाकर गंगा को प्रसन्न करने के लिये तपस्या करने लगे किन्तु उन्हें सफलता नहीं प्राप्त हो पाई और वे स्वर्ग सिधार गए। इधर जब राजा दिलीप का धर्मनिष्ठ पुत्र भगीरथ बड़ा हुआ

तो उसे राज्य का भार सौंपकर दिलीप भी गंगा को पृथ्वी पर लाने के लिये तपस्या करने चले गये। पर उन्हें भी सफलता नहीं मिली। भगीरथ बड़े प्रजावत्सल नरेश थे किन्तु उनकी कोई सन्तान नहीं हुई। इस पर वे अपने राज्य का भार मन्त्रियों को सौंपकर स्वयं गंगावतरण के लिये गोकर्ण नामक तीर्थ पर जाकर कठोर तपस्या करने लगे। उनकी अभूतपूर्व तपस्या से प्रसन्न होकर ब्रह्मा जी ने उन्हें वर माँगने के लिये कहा। भगीरथ ने ब्रह्मा जी से कहा कि हे प्रभो! यदि आप मुझ पर प्रसन्न हैं तो मुझे यह वर दीजिये कि सगर के पुत्रों को मेरे प्रयत्नों से गंगा का जल प्राप्त हो जिससे कि उनका उद्धार हो सके। इसके अतिरिक्त मुझे सन्तान प्राप्ति का भी वर दीजिये ताकि इक्ष्वाकु वंश नष्ट न हो। ब्रह्मा जी ने कहा कि सन्तान का तेरा मनोरथ शीघ्र ही पूर्ण होगा, किन्तु तुम्हारे माँगे गये प्रथम वरदान को देने में कठिनाई यह है कि जब गंगा जी वेग के साथ पृथ्वी पर अवतरित होंगी तो उनके वेग को पृथ्वी संभाल नहीं सकेगी। गंगा जी के वेग को संभालने की क्षमता महादेव जी के अतिरिक्त किसी में भी नहीं है। इसके लिये तुम्हें महादेव जी को प्रसन्न करना होगा। इतना कह कर ब्रह्मा जी अपने लोक को चले गये।

"भगीरथ ने साहस नहीं छोड़ा। वे एक वर्ष तक पैर के अँगूठे के सहारे खड़े होकर महादेव जी की तपस्या करते रहे। केवल वायु के अतिरिक्त उन्होंने किसी अन्य वस्तु का भक्षण नहीं किया। अन्त में इस महान भक्ति से प्रसन्न होकर महादेव जी ने भगीरथ को दर्शन देकर कहा कि हे भक्तश्रेष्ठ! हम तेरी मनोकामना पूरी करने के लिये गंगा जी को अपने मस्तक पर धारण करेंगे। इसकी सूचना पाकर विवश होकर गंगा जी को सुरलोक का परित्याग करना पड़ा। उस समय वे सुरलोक से कहीं जाना नहीं चाहती थीं, इसलिये वे यह विचार करके कि मैं अपने प्रचण्ड वेग से शिव जी को बहा कर पाताल लोक ले जाऊँगी वे भयानक वेग से शिव जी के सिर पर अवतरित हुईं। गंगा का यह अहंकार महादेव जी से छुपा न रहा। महादेव जी ने गंगा की वेगवती धाराओं को अपने जटाजूट में उलझा लिया। गंगा जी अपने समस्त प्रयत्नों के बाद भी महादेव जी के जटाओं से बाहर न निकल सकीं। गंगा जी को इस प्रकार शिव जी की जटाओं में विलीन होते देख भगीरथ ने फिर शंकर जी की तपस्या की। भगीरथ के इस तपस्या से प्रसन्न होकर भगवान शंकर ने गंगा जी को हिमालय पर्वत पर स्थित बिन्दुसर में छोड़ा। छूटते ही गंगा जी सात धाराओं में बँट गई। गंगा जी की तीन धाराएँ हलादिनी, पावनी और नलिनी पूर्व की ओर प्रवाहित हुईं। सुचक्षु, सीता और सिन्धु नाम की तीन धाराएँ पश्चिम की ओर बहीं और सातवीं धारा महाराज भगीरथ के पीछे पीछे चली। जिधर जिधर भगीरथ जाते थे, उधर उधर ही गंगा जी जाती थीं। स्थान स्थान पर देव, यक्ष, किन्नर, ऋषि-मुनि आदि उनके स्वागत के लिये एकत्रित हो रहे थे। जो भी उस जल का स्पर्श करता था, भव-बाधाओं से मुक्त हो जाता था। चलते चलते गंगा जी उस स्थान पर पहुँचीं जहाँ ऋषि जहनु यज्ञ कर रहे थे। गंगा जी अपने वेग से उनके यज्ञशाला को सम्पूर्ण सामग्री के साथ बहाकर ले जाने लगीं। इससे ऋषि को बहुत क्रोध आया और उन्होंने क्रुद्ध होकर गंगा का सारा जल पी लिया। यह देख कर समस्त ऋषि मुनियों को बड़ा विस्मय हुआ और वे गंगा जी को मुक्त

करने के लिये उनकी स्तुति करने लगे। उनकी स्तुति से प्रसन्न होकर जहनु ऋषि ने गंगा जी को अपने कानों से निकाल दिया और उन्हें अपनी पुत्री के रूप में स्वीकार कर लिया। तब से गंगा जाह्नवी कहलाने लगीं। इसके पश्चात् वे भगीरथ के पीछे चलते चलते समुद्र तक पहुँच गईं और वहाँ से सगर के पुत्रों का उद्धार करने के लिये रसातल में चली गईं। उनके जल के स्पर्श से भस्मीभूत हुये सगर के पुत्र निष्पाप होकर स्वर्ग गये। उस दिन से गंगा के तीन नाम हुये, त्रिपथगा, जाह्नवी और भागीरथी।

"हे रामचन्द्र! कपिल आश्रम में गंगा जी के पहुँचने के पश्चात् ब्रह्मा जी ने प्रसन्न होकर भगीरथ को वरदान दिया कि तेरे पुण्य के प्रताप से प्राप्त इस गंगाजल से जो भी मनुष्य स्नान करेगा या इसका पान करेगा, वह सब प्रकार के दुःखो से रहित होकर अन्त में स्वर्ग को प्रस्थान करेगा। जब तक पृथ्वी मण्डल में गंगा जी प्रवाहित होती रहेंगी तब तक उसका नाम भागीरथी कहलायेगा और सम्पूर्ण भूमण्डल में तेरी कीर्ति अक्षुण्ण रूप से फैलती रहेगी। सभी लोग श्रद्धा के साथ तेरा स्मरण करेंगे। यह कह कर ब्रह्मा जी अपने लोक को लौट गये। भगीरथ ने पुनः अपने पितरों को जलांजलि दी।"

कथा समाप्त होने पर वे सब विश्राम करने चले गये।

- **जनकपुरी में आगमन**

दूसरे दिन ऋषि विश्वामित्र ने अपनी मण्डली के साथ प्रातःकाल ही जनकपुरी के लिए प्रस्थान किया। चलते-चलते वे विशाला नगरी में पहुँचे। इस भव्य नगरी में सुन्दर मन्दिर और विशाल अट्टालिकायें शोभायमान हो रही थीं। वहाँ कि बड़ी बड़ी दुकानें, अमूल्य आभूषणों को धारण किये हुये स्त्री-पुरुष आदि नगर की सम्पन्नता का परिचय दे रहे थे। चौड़ी-चौड़ी और साफ सुथरी सड़कों को देख कर ज्ञात होता था कि नगर के रख-रखाव और व्यवस्था बहुत ही सुन्दर और प्रशंसनीय थी।

विशाला नगरी को पार कर के वे सभी मिथिलापुरी पहुँचे। उन्होंने देखा कि नगर के बाहर सुरम्य प्रदेश में एक मनोहर यज्ञशाला का निर्माण किया गया था और वहाँ पर विभिन्न प्रान्तों से आये हुये वेदपाठी ब्राह्मण मधुर ध्वनि में वेद मन्त्रों का सस्वर पाठ कर रहे थे। शोभायुक्त यज्ञ मण्डप अत्यन्त आकर्षक था जिसे देख कर राम ने कहा, "हे गुरुदेव! इस यज्ञशाला की छटा मेरे मन को मोह रही है और विद्वान ब्राह्मणों के आनन्द दायक मन्त्रोच्चार को सुन कर मैं पुलकित हो रहा हूँ। कृपा करके इस यज्ञ मण्डप के समीप ही हम लोगों के ठहरने की व्यवस्था करें ताकि वेद मन्त्रों की ध्वनि हमारे मन मानस को निरन्तर पवित्र करती रहे।"

जब राजा जनक को सूचना मिली कि ऋषि विश्वामित्र अपनी शिष्यों तथा अन्य ऋषि-मुनियों के साथ जनकपुरी में पधारे हैं तो उनके दर्शन के लिये वे राजपुरोहित शतानन्द को

लेकर यज्ञशाला पहुँचे। पाद्य, अर्ध्य आदि से विश्वामित्र जी का पूजन करके राजा जनक बोले, "हे महर्षि! आपने यहाँ पधार कर और दर्शन देकर हम लोगों को कृतार्थ कर दिया है। आपकी चरणधूलि से यह मिथिला नगरी पवित्र हो गई है।" फिर राम और लक्ष्मण की ओर देखकर बोले, "हे मुनिवर! आपके साथ ये परम तेजस्वी सिंह-शावक जैसे अनुपम सौन्दर्यशाली दोनों कुमार कौन हैं? इनकी वीरतापूर्ण आकृति देख कर प्रतीत होता है मानो ये किसी राजकुल के दीपक हैं। ऐसे सुन्दर, सुदर्शन कुमारों की उपस्थिति से यह यज्ञशाला वैसी ही शोभायुक्त हो गई है जैसे प्रातःकाल भगवान भुवन-भास्कर के उदय होने पर प्राची दिशा सौन्दर्य से परिपूर्ण हो जाती है। कृपा करके अवगत कराइये कि ये कौन हैं? कहाँ से आये हैं? इनके पिता और कुल का नाम क्या है?"

इस पर ऋषि विश्वामित्र ने राजा जनक से कहा, "हे राजन्! ये दोनों बालक वास्तव में राजकुमार हैं। ये अयोध्या नरेश सूर्यवंशी राजा दशरथ के पुत्र रामचन्द्र और लक्ष्मण हैं। ये दोनों बड़े वीर और पराक्रमी हैं। इन्होंने सुबाहु, ताड़का आदि के साथ घोर युद्ध करके उनका नाश किया है। मारीच जैसे महाबली राक्षस को तो राम ने एक ही बाण से सौ योजन दूर समुद्र में फेंक दिया। अपने यज्ञ की रक्षा के लिये मैं इन्हें अयोध्यापति राजा दशरथ से माँगकर लाया था। मैंने इन्हें नाना प्रकार के अस्त्र-शस्त्रों की शिक्षा प्रदान की है। इनके प्रयत्नों से मेरा यज्ञ निर्विघ्न तथा सफलतापूर्वक सम्पन्न हो गया। अपने सद्व्यवहार, विनम्रता एवं सौहार्द से इन्होंने आश्रम में रहने वाले समस्त ऋषि मुनियों का मन मोह लिया है। आपके इस महान धनुषयज्ञ का उत्सव दिखाने के लिये मैं इन्हें यहाँ लाया हूँ।"

इस वृत्तान्त को सुन कर राजा जनक बहुत प्रसन्न हुये और उन सबके ठहरने के लिये यथोचित व्यवस्था कर दिया।

• **अहल्या की कथा**

प्रातःकाल राम और लक्ष्मण ऋषि विश्वामित्र के साथ मिथिलापुरी के वन उपवन आदि देखने के लिये निकले। एक उपवन में उन्होंने एक निर्जन स्थान देखा। राम बोले, "गुरुदेव! यह स्थान देखने में तो आश्रम जैसा दिखाई देता है किन्तु क्या कारण है कि यहाँ कोई ऋषि या मुनि दृष्टिगोचर नहीं हो रहे हैं?"

इस पर विश्वामित्र जी ने कहा, "यह स्थान कभी महात्मा गौतम का आश्रम था। वे अपनी पत्नी अहल्या के साथ यहाँ रह कर तपस्या करते थे। एक दिन गौतम ऋषि की अनुपस्थिति में इन्द्र ने गौतम के वेश में आकर अहल्या से प्रणय-याचना की। यद्यपि अहल्या ने इन्द्र को पहचान लिया था तो भी यह सोचकर कि मैं इतनी सौन्दर्यशाली हूँ कि देवराज इन्द्र स्वयं मुझ से प्रणय-याचना कर रहे हैं, अपनी स्वीकृति दे दी। जब इन्द्र अपने लोक लौट रहे थे तभी अपने आश्रम को वापस आते हुये गौतम ऋषि की दृष्टि इन्द्र पर पड़ी। उस समय इन्द्र उन्हीं का वेश धारण किये हुये था। तत्काल वे सब कुछ समझ गये और उन्होंने इन्द्र को शाप दे

दिया। इसके बाद उन्होंने अपनी पत्नी को शाप दिया कि 'रे दुराचारिणी! तू हजारों वर्ष तक केवल हवा पीकर कष्ट उठाती हुई यहाँ राख में पड़ी रहे। जब राम इस वन में प्रवेश करेंगे तभी उनकी कृपा से तेरा उद्धार होगा। तभी तू अपना पूर्व शरीर धारण करके मेरे पास आ सकेगी।' यह कह कर गौतम ऋषि इस आश्रम को छोड़कर हिमालय पर जाकर तपस्या करने चले गये। अतः हे राम! अब तुम आश्रम के अन्दर जाकर अहल्या का उद्धार करो।"

विश्वामित्र जी की आज्ञा पाकर वे दोनों भाई आश्रम के भीतर प्रविष्ट हुये। वहाँ तपस्यारत अहल्या कहीं दिखाई नहीं दे रही थी, केवल उसका तेज सम्पूर्ण वातावरण में व्याप्त हो रहा था। जब अहल्या की दृष्टि राम पर पड़ी तो उनके पवित्र दर्शन पाकर वह एक बार फिर सुन्दर नारी के रूप में दिखाई देने लगी। नारी रूप में अहल्या को सम्मुख पाकर राम और लक्ष्मण ने श्रद्धापूर्वक उनके चरणस्पर्श किये। तत्पश्चात् उससे उचित आदर सत्कार ग्रहण कर वे मुनिराज के साथ पुनः मिथिला पुरी को लौट आये।

वाल्मीकि रामायण और श्री तुलसीदास जी के रामचरितमानस में अहल्या की कथा मे बहुत सारे अन्तर हैं। जहाँ आदिकवि श्री वाल्मीकि ने अहल्या का शापवश राख में पड़ी रहना बताया है वहीं श्री तुलसीदास जी ने अहल्या का शापवश शिला बन जाना लिखा है।

पाठकों को कुछ और भी सन्देह हो सकते हैं इसलिए मैं निम्न उद्धरण भी देना उचित समझता हूँ

आदिकवि श्री वाल्मीकि रचित रामायण के अष्टचत्वरिंशः सर्गः (48वे सर्ग) के श्लोक क्रमांक 17-19 के अनुसार स्पष्ट है कि अहल्या ने इन्द्र को पहचानने के पश्चात् ही अपनी स्वीकृति दी थी। देखियेः

तस्यान्तरं विदित्वा च सहस्त्राक्षः शचीपतिः।

मुनिवेषधरो भूत्वा अहल्यामिदमब्रवीत्॥17॥

एक दिन जब महर्षि गौतम आश्रम में नहीं थे तब उपयुक्त अवसर जानकर शचीपति इन्द्र मुनिवेष धारण कर वहाँ आये और अहल्या से बोले -

ऋतुकालं प्रतीक्षन्ते नार्थिनः सुसमाहिते।

संगमं त्वहमिच्छामि त्वया सह सुमध्यमे॥18॥

"रति की कामना रखने वाले प्रार्थी पुरुष ऋतुकाल की प्रतीक्षा नहीं करते। हे सुन्दर कटिप्रदेश वाली (सुन्दरी)! मैं तुम्हारे साथ समागम करना चाहता हूँ।"

मुनिवेषं सहस्त्राक्षं विज्ञाय रघुनन्दन।

गतिं चकार दुर्मेधा देवराजकुतुहलात्॥19॥

(इस प्रकार रामचन्द्र जी को कथा सुनाते हुये ऋषि विश्वामित्र ने कहा,) "हे रघुनन्दन! मुनिवेष धारण कर आये हुये इन्द्र को पहचान कर भी उस मतिभ्रष्ट दुर्बुद्धि नारी ने कौतूहलवश (कि देवराज इन्द्र मुझसे प्रणययाचना कर रहे हैं) समागम का प्रस्ताव स्वीकार कर लिया।

संत श्री तुलसीदास जी के रामचरितमानस के अनुसार अहल्या का उद्धार श्री रामचन्द्र जी के चरणधूलि प्राप्त करने से हुई। देखिये (रामचरितमानस बालकाण्ड दोहा क्रमांक 210 के पूर्व की चौपाई से उसके बाद का छंद):

आश्रम एक दीख मग माहीं। खग मृग जीव जंतु तहँ नाहीं।।

पूछा मुनिहि सिला प्रभु देखी। सकल कथा मुनि कहा बिसेषी।।

मार्ग में एक आश्रम दिखाई पड़ा। वहाँ पशु-पक्षी, कोई भी जीव-जन्तु नहीं था। पत्थर की एक शिला को देखकर प्रभु ने पूछा, तब मुनि ने विस्तारपूर्वक सब कथा कही।

दो0-गौतम नारि श्राप बस उपल देह धरि धीर।

चरन कमल रज चाहति कृपा करहु रघुबीर।।210।।

गौतम मुनि की स्त्री अहल्या शापवश पत्थर की देह धारण किया बड़े धीरज से आपके चरणकमलों की धूलि चाहती है। हे रघुवीर! इस पर कृपा कीजिये।

छं0-परसत पद पावन सोक नसावन प्रगट भई तपपुंज सही।

देखत रघुनायक जन सुख दायक सनमुख होइ कर जोरि रही।।

श्रीराम के पवित्र और शोक को नाश करनेवाले चरणों का स्पर्श पाते ही सचमुच वह तपोमूर्ति अहल्या प्रकट हो गई। भक्तों को सुख देने वाले श्री रघुनाथ जी को देख कर वह हाथ जोड़कर सामने खड़ी हो गई।

जबकि वाल्मीकि रामायण के इंकावनवें सर्ग के श्लोक क्रमांक 16 के अनुसारः

सा हि गौतमवाक्येन दुनिरीक्ष्या बभूव ह।

त्रयाणामपि लोकानां यावद् रामस्य दर्शनम्।

शापस्यान्तमुपागम्य तेषां दर्शनमागता।।

रामचन्द्र के द्वारा देखे जाने के पूर्व, गौतम के शाप के कारण अहल्या का दर्शन तीनों लोकों के किसी भी प्राणी को होना दुर्लभ था। राम का दर्शन मिल जाने से जब उनके शाप का अन्त हो गया, तब वे उन सबको दिखाई देने लगीं।

• ऋषि विश्वामित्र का पूर्व चरित्र

राम से मिथिला के राजपुरोहित शतानन्द जी विशेष रूप से प्रभावित हुये।

शतानन्द जी ने कहा, "हे राम! आप बड़े सौभाग्यशाली हैं कि आपको विश्वामित्र जी गुरु के रूप में प्राप्त हुये हैं। वे बड़े ही प्रतापी और तेजस्वी महापुरुष हैं। ब्राह्मणत्व की प्राप्ति के पूर्व ऋषि विश्वामित्र बड़े पराक्रमी और प्रजावत्सल नरेश थे। प्रजापति के पुत्र कुश, कुश के पुत्र कुशनाभ और कुशनाभ के पुत्र राजा गाधि थे। ये सभी शूरवीर, पराक्रमी और धर्मपरायण थे। विश्वामित्र जी उन्हीं गाधि के पुत्र हैं। एक बार राजा विश्वामित्र अपनी सेना के साथ वशिष्ठ ऋषि के आश्रम में गये। चूँकि उस समय वशिष्ठ जी ईश्वरभक्ति में लीन होकर यज्ञ

कर रहे थे, विश्वामित्र जी उन्हें प्रणाम करके वहीं बैठ गये। यज्ञ क्रिया से निवृत होने पर वशिष्ठ जी ने विश्वामित्र जी का बहुत आदर सत्कार किया और उनसे कुछ दिन आश्रम में ही रह कर आतिथ्य ग्रहण करने का अनुरोध किया। इस पर यह सोच कर कि मेरे साथ विशाल सेना है और सेना सहित मेरा आतिथ्य करने में वशिष्ठ जी को कष्ट होगा, विश्वामित्र जी ने नम्रता पूर्वक विदा होने की अनुमति माँगी। किन्तु वशिष्ठ जी के अत्यधिक अनुरोध करने पर थोड़े दिनों के लिये राजा विश्वामित्र को उनका आतिथ्य स्वीकार करने के लिए विवश होना पड़ा।

"राजा विश्वामित्र के आतिथ्य स्वीकार कर लेने पर वशिष्ठ जी ने कामधेनु गौ का आह्वान किया और उससे विश्वामित्र तथा उनकी सेना के लिये छः प्रकार के व्यंजन तथा समस्त प्रकार की सुविधाओं की व्यवस्था करने की प्रार्थना की। उनकी इस प्रार्थना को स्वीकार करके कामधेनु गौ ने सारी व्यवस्था कर दिया। वशिष्ठ जी के अतिथि सत्कार से राजा विश्वामित्र और उनके साथ आये सभी लोग बहुत प्रसन्न हुये।

"कामधेनु गौ का चमत्कार देखकर विश्वामित्र के मन में उस गौ को प्राप्त कर लेने की इच्छा जागृत हुई और उन्होंने वशिष्ठ जी से कहा कि ऋषिश्रेष्ठ! कामधेनु जैसी गौ तो किसी वनवासी के पास नहीं वरन राजा महाराजाओं के पास ही शोभा देती है। अतः आप इसे मुझे दे दीजिये। इसके बदले में मैं आपको सहस्त्रों स्वर्ण मुद्रायें दे सकता हूँ। इस पर वशिष्ठ जी बोले कि राजन! यह गौ ही मेरा जीवन है और इसे मैं किसी भी कीमत पर किसी को नहीं दे सकता।

"वशिष्ठ जी के इस प्रकार कहने पर विश्वामित्र ने बलात् उस गौ को पकड़ लेने की आज्ञा दे दी और सैनिकगण उस गौ को डण्डे से मार मार कर हाँकने लगे। कामधेनु गौ ने क्रोधित होकर अपना बन्धन छुड़ा लिया और वशिष्ठ जी के पास आकर विलाप करने लगी। वशिष्ठ जी बोले कि हे कामधेनु! मैं इस राजा को शाप भी नहीं दे सकता क्योंकि यह राजा मेरा अतिथि है और इसके पास विशाल सेना होने के कारण इससे युद्ध में भी विजय प्राप्त नहीं कर सकता। मैं अत्यन्त विवश हूँ। वशिष्ठ जी के इन वचनों को सुन कर कामधेनु ने कहा कि हे ब्रह्मर्षि! क्या एक ब्राह्मण के बल के सामने क्षत्रिय का बल कभी श्रेष्ठ हो सकता है? आप मुझे आज्ञा दीजिये, मैं एक क्षण में इस क्षत्रिय राजा को उसकी विशाल सेनासहित नष्ट कर दूँगी। कोई अन्य उपाय न देख कर वशिष्ठ जी ने कामधेनु को अनुमति दे दी।

"आज्ञा पाते ही कामधेनु ने योगबल से पह्नव सैनिकों की एक सेना उत्पन्न कर दिया और वह सेना विश्वामित्र की सेना के साथ युद्ध करने लगी। विश्वामित्र जी ने अपने पराक्रम से समस्त पह्नव सेना का विनाश कर डाला। इस पर कामधेनु ने सहस्त्रों शक, हूण, बर्बर, यवन और काम्बोज सैनिक उत्पन्न कर दिया। जब विश्वामित्र ने उन सैनिकों का भी वध कर डाला तो कामधेनु ने मारक शस्त्रास्त्रों से युक्त अत्यंत पराक्रमी योद्धाओं को उत्पन्न किया जिन्होंने शीघ्र ही राजा विश्वामित्र की सेना को गाजर मूली की भाँति काटना आरम्भ कर दिया। अपनी सेना का नाश होते देख विश्वामित्र के सौ पुत्र अत्यन्त कुपित हो वशिष्ठ

जी को मारने दौड़े। परिणाम यह हुआ कि वशिष्ठ जी ने उनमें से एक पुत्र को छोड़ कर शेष सभी को भस्म कर दिया।

"सेना तथा पुत्रों के के नष्ट हो जाने से विश्वामित्र बड़े दुःखी हुये। अपने बचे हुये पुत्र का राजतिलक कर वे तपस्या करने के लिये हिमालय की कन्दराओं में चले गये। वहाँ पर उन्होंने कठोर तपस्या की और महादेव जी को प्रसन्न कर लिया। महादेव जी को प्रसन्न पाकर विश्वामित्र ने उनसे समस्त दिव्य शक्तियों के साथ सम्पूर्ण धनुर्विद्या के ज्ञान का वरदान प्राप्त कर लिया।

"इस प्रकार सम्पूर्ण धनुर्विद्या का ज्ञान प्राप्त करके विश्वामित्र बदला लेने के लिये वशिष्ठ जी के आश्रम में पहुँचे वशिष्ठ जी को ललकार कर उन पर अग्निबाण चला दिया। अग्निबाण से समस्त आश्रम में आग लग गई और आश्रमवासी भयभीत होकर इधर उधर भागने लगे। वशिष्ठ जी ने भी अपना धनुष संभाल लिया और बोले कि मैं तेरे सामने खड़ा हूँ, तू मुझ पर वार कर। आज मैं तेरे अभिमान को चूर-चूर करके बता दूँगा कि क्षात्र बल से ब्रह्म बल श्रेष्ठ है। क्रुद्ध होकर विश्वामित्र ने एक के बाद एक आग्नेयास्त्र, वरुणास्त्र, रुद्रास्त्र, ऐन्द्रास्त्र तथा पाशुपतास्त्र एक साथ छोड़ा जिन्हें वशिष्ठ जी ने अपने मारक अस्त्रों से मार्ग में ही नष्ट कर दिया। इस पर विश्वामित्र ने और भी अधिक क्रोधित होकर मानव, मोहन, गान्धर्व, जूंभण, दारण, वज्र, ब्रह्मपाश, कालपाश, वरुणपाश, पिनाक, दण्ड, पैशाच, क्रौंच, धर्मचक्र, कालचक्र, विष्णुचक्र, वायव्य, मंथन, कंकाल, मूसल, विद्याधर, कालास्त्र आदि सभी अस्त्रों का प्रयोग कर डाला। वशिष्ठ जी ने उन सबको नष्ट करके ब्रह्मास्त्र छोड़ने के लिये जब अपना धनुष उठाया तो सब देव किन्नर आदि भयभीत हो गये। किन्तु वशिष्ठ जी तो उस समय अत्यन्त क्रुद्ध हो रहे थे। उन्होंने ब्रह्मास्त्र छोड़ ही दिया। ब्रह्मास्त्र के भयंकर ज्योति और गगनभेदी नाद से सारा संसार पीड़ा से तड़पने लगा। सब ऋषि-मुनि उनसे प्रार्थना करने लगे कि आपने विश्वामित्र को परास्त कर दिया है। अब आप ब्रह्मास्त्र से उत्पन्न हुई ज्वाला को शान्त करें। इस प्रार्थना से द्रवित होकर उन्होंने ब्रह्मास्त्र को वापस बुलाया और मन्त्रों से उसे शान्त किया।

"पराजित होकर विश्वामित्र मणिहीन सर्प की भाँति पृथ्वी पर बैठ गये और सोचने लगे कि निःसन्देह क्षात्र बल से ब्रह्म बल ही श्रेष्ठ है। अब मैं तपस्या करके ब्राह्मण की पदवी और उसका तेज प्राप्त करूँगा। इस प्रकार विचार करके वे अपनी पत्नीसहित दक्षिण दिशा की ओर चल दिये। उन्होंने तपस्या करते हुये अन्न का त्याग कर केवल फलों पर जीवन-यापन करना आरम्भ कर दिया। उनकी तपस्या से प्रसन्न होकर ब्रह्मा जी ने उन्हें राजर्षि का पद प्रदान किया। इस पद को प्राप्त करके भी, यह सोचकर कि ब्रह्मा जी ने मुझे केवल राजर्षि का ही पद दिया महर्षि-देवर्षि आदि का नहीं, वे दुःखी ही हुये। वे विचार करने लगे कि मेरी तपस्या अब भी अपूर्ण है। मुझे एक बार फिर से घोर तपस्या करना चाहिये।"

- ## त्रिशंकु की स्वर्गयात्रा

अपनी वार्ता जारी रखते हुये मिथिला के राजपुरोहित शतानन्द जी ने कहा, "इस बीच इक्ष्वाकु वंश में त्रिशंकु नाम के एक राजा हुये। त्रिशंकु की इच्छा सशरीर स्वर्ग जाने की थी अतः इसके लिए उन्होंने वशिष्ठ जी से यज्ञ करने के लिए कहा। वशिष्ठ जी ने बताया कि कि मुझमें इतनी सामर्थ्य नहीं है कि मैं किसी व्यक्ति को शरीर सहित स्वर्ग भेज सकूँ। वशिष्ठ जी के असमर्थता प्रकट करने पर त्रिशंकु ने यही प्रार्थना वशिष्ठ जी के पुत्रों से भी की जो दक्षिण प्रान्त में घोर तपस्या कर रहे थे। इस पर वशिष्ठ जी के पुत्रों ने कहा कि 'अरे मूर्ख! जिस काम को हमारे पिता नहीं कर सके तू उसे हम से कराना चाहता है। ऐसा प्रतीत होता है कि तू हमारे पिता का अपमान करने के लिये यहाँ आया है।' उनके इस प्रकार कहने से त्रिशंकु ने क्रोधित होकर वशिष्ठ जी के पुत्रों को अपशब्द कहे। वशिष्ठ जी के पुत्रों ने रुष्ट होकर त्रिशंकु को चाण्डाल हो जाने का शाप दे दिया।

"शाप के कारण त्रिशंकु का सुन्दर शरीर काला पड़ गया। सिर के बाल चाण्डालों जैसे छोटे छोटे हो गये। गले में हड्डियों की माला पड़ गई। हाथ पैरों में लोहे की कड़े पड़ गये। त्रिशंकु का ऐसा वेश देखकर उनके मन्त्री तथा दरबारी उनका साथ छोड़कर चले गये। फिर भी उन्होंने सशरीर स्वर्ग जाने की इच्छा का परित्याग नहीं किया। वे विश्वामित्र के पास जाकर बोले कि ऋषिराज! आप महान तपस्वी हैं। मेरी सशरीर स्वर्ग जाने की इच्छा को पूर्ण करके मुझे कृतार्थ कीजिये। विश्वामित्र ने कहा कि राजन्! तुम मेरी शरण में आये हो। मैं तुम्हारी इच्छा अवश्य पूर्ण करूँगा। इतना कहकर विश्वामित्र ने अपने उन चारों पुत्रों को बुलाया जो दक्षिण प्रान्त में अपनी पत्नी के साथ तपस्या करते हुये उन्हें प्राप्त हुये थे और उनसे यज्ञ की सामग्री एकत्रित करने के लिये कहा। उन्होंने अपने शिष्यों के द्वारा वशिष्ठ के पुत्रों सहित वन में रहने वाले सब ऋषि-मुनियों को यज्ञ में सम्मिलित होने के लिये निमन्त्रण भी भिजवा दिया।

"शिष्यों ने लौटकर बताया कि सब ऋषि-मुनियों ने निमन्त्रण स्वीकार कर लिया है किन्तु वशिष्ठ जी के पुत्रों ने यह कहकर निमन्त्रण अस्वीकार कर दिया कि जिस यज्ञ में यजमान चाण्डाल और पुरोहित क्षत्रिय हो उस यज्ञ का भाग हम स्वीकार नहीं कर सकते। यह सुनकर विश्वामित्र जी ने क्रुद्ध होकर कहा कि उन्होंने अकारण ही मेरा अपमान किया है। मैं उन्हें शाप देता हूँ कि उन सबका नाश हो। आज ही वे सब कालपाश में बँध कर यमलोक को जायें और सात सौ वर्षों तक चाण्डाल योनि में विचरण करें। उन्हें खाने के लिये केवल कुत्ते का माँस मिले और सदैव कुरूप बने रहें। इस प्रकार शाप देकर वे यज्ञ की तैयारी में लग गये।"

शतानन्द जी ने आगे कहा, "हे राघव! विश्वामित्र के शाप से वशिष्ठ जी के पुत्र यमलोक सिधार गये। वशिष्ठ जी के पुत्रों के परिणाम से भयभीत सभी ऋषि मुनियों ने यज्ञ में विश्वामित्र का साथ दिया। यज्ञ की समाप्ति पर विश्वामित्र ने सब देवताओं को नाम ले लेकर अपने यज्ञ भाग ग्रहण करने के लिये आह्वान किया किन्तु कोई भी देवता अपना भाग लेने

नहीं आया। इस पर क्रुद्ध होकर विश्वामित्र ने अर्घ्य हाथ में लेकर कहा कि 'हे त्रिशंकु! मैं तुझे अपनी तपस्या के बल से स्वर्ग भेजता हूँ' इतना कह कर विश्वामित्र ने मन्त्र पढ़ते हुये आकाश में जल छिड़का और राजा त्रिशंकु शरीर सहित आकाश में चढ़ते हुये स्वर्ग जा पहुँचे। त्रिशंकु को स्वर्ग में आया देख इन्द्र ने क्रोध से कहा कि 'रे मूर्ख! तुझे तेरे गुरु ने शाप दिया है इसलिये तू स्वर्ग में रहने योग्य नहीं है'। इन्द्र के ऐसा कहते ही त्रिशंकु सिर के बल पृथ्वी पर गिरने लगे और विश्वामित्र से अपनी रक्षा की प्रार्थना करने लगे। विश्वामित्र ने उन्हें वहीं ठहरने का आदेश दिया और वे अधर में ही सिर के बल लटक गये। त्रिशंकु की पीड़ा की कल्पना करके विश्वामित्र ने उसी स्थान पर अपनी तपस्या के बल से स्वर्ग की सृष्टि कर दी और नये तारे तथा दक्षिण दिशा में सप्तर्षि मण्डल बना दिया। इसके बाद उन्होंने नये इन्द्र की सृष्टि करने का विचार किया जिससे इन्द्र सहित सभी देवता भयभीत होकर विश्वामित्र से अनुनय विनय करने लगे। वे बोले कि हमने त्रिशंकु को केवल इसलिये लौटा दिया था कि वे गुरु के शाप के कारण स्वर्ग में नहीं रह सकते थे।

इन्द्र की बात सुन कर विश्वामित्र जी बोले कि मैंने इसे स्वर्ग भेजने का वचन दिया है इसलिये मेरे द्वारा बनाया गया यह स्वर्ग मण्डल हमेशा रहेगा और त्रिशंकु सदा इस नक्षत्र मण्डल में अमर होकर राज्य करेगा। इससे सन्तुष्ट होकर इन्द्रादि देवता अपने अपने स्थानों को वापस चले गये।"

- विश्वामित्र को ब्राह्मणत्व की प्राप्ति

वार्ता जारी रखते हुए शतानन्दजी ने कहा, "हे रामचन्द्र! देवताओं के चले जाने के बाद विश्वामित्र ब्राह्मणत्व प्राप्त करने के लिये पूर्व दिशा में जाकर पुनः कठोर तपस्या करने लगे। बिना अन्न जल ग्रहण किये वर्षों तक तपस्या करते करते उनकी देह सूख कर काँटा बन गई। इस तपस्या को भंग करने के लिए नाना प्रकार के विघ्न उपस्थित हुए किन्तु उन्होंने उन सबका निवारण किया और वह भी बिना क्रोध किये। तपस्या की अवधि समाप्त होने पर जब वे अन्न ग्रहण करने के लिए बैठे। ज्योंही प्रथम ग्रास उठाया भी न था कि ब्राह्मण भिक्षुक के रुप में आकर इन्द्र ने भोजन की याचना की। विश्वामित्र ने अपना भोजन उस याचक को दे दिया और स्वयं निराहार रह गये।

"इन्द्र को भोजन दे देने के पश्चात विश्वामित्र के मन में विचार आया कि सम्भवत: अभी मेरे भोजन ग्रहण करने का अवसर नहीं आया है, इसीलिये याचक के रूप में यह विप्र उपस्थित हो गया। मुझे अभी और तपस्या करना चाहिये। अतएव वे मौनव्रत धारण कर फिर से दीर्घकालीन तपस्या में लीन हो गये। इस बार उन्होंने प्राणायाम से श्वाँस रोक कर महादारुण तप किया। उनके तप से प्रभावित देवताओं ने ब्रह्माजी से निवेदन किया कि भगवन्! विश्वामित्र की तपस्या अब पराकाष्ठा को पहुँच गई है। अब वे क्रोध और मोह की सीमाओं को पार कर गये हैं। अब इनके तेज से सारा संसार प्रकाशित हो उठा है। सूर्य और

चन्द्रमा का तेज भी इनके तेज के सामने फीका पड़ गया है। अतएव आप प्रसन्न होकर इनकी अभिलाषा पूर्ण कीजिये।

"देवताओं के इन वचनों को सुनकर ब्रह्मा जी उन से देवताओं को साथ लेकर विश्वामित्र जी के पास पहुँचे और बोले कि हे विश्वामित्र! निःसन्देह तुम्हारी तपस्या प्रशंसनीय है। हम तुमसे अत्यन्त प्रसन्न हैं और तुम्हें ब्राह्मणश्रेष्ठ की उपाधि प्रदान करते हैं। तुम संसार में महान यश के भागी बनोगे। ब्रह्मा जी से यह वरदान पाकर विश्वामित्र ने कहा कि हे भगवन्! जब आपने मुझे यह वरदान दिया है तो मुझे ओंकार, षट्कार तथा चारों वेदों का ज्ञान भी प्रदान करें। प्रभो! अपनी तपस्या को मैं तभी सफल समझूँगा जब वशिष्ठ जी मुझे ब्राह्मण और ब्रह्मर्षि स्वीकार करेंगे।

"विश्वामित्र की बात सुन कर समस्त देवताओं ने वशिष्ठ जी के पास जाकर उन्हें सारा वृत्तान्त सुनाया। उनकी तपस्या की कथा सुनकर वशिष्ठ जी स्वयं विश्वामित्र के पास पहुँचे और उन्हें अपने हृदय से लगा कर बोले कि विश्वामित्र जी! आप वास्तव में ब्रह्मर्षि हैं। मैं आज से आपको ब्राह्मण स्वीकार करता हूँ।

"हे रघुनन्दन! इतनी कठोर तपस्याओं एवं भारी संघर्ष के पश्चात् विश्वामित्र जी ने यह महान पद प्राप्त किया है। ये बड़े विद्वान, धर्मात्मा, तेजस्वी एवं तपस्वी हैं।"

राजा जनक भी शतानन्द द्वारा वर्णित विश्वामित्र जी की कथा सुन रहे थे। वे बोले, "हे कौशिक! मैं आपको और इन राजकुमारों को मिथिला में पाकर कृतार्थ हो गया हूँ। अब अधिक समय व्यतीत हो चला है। भगवान भास्कर अस्ताचल की ओर जा रहे हैं। सन्ध्या-उपासना का समय हो गया है। इसलिये मुझे आज्ञा दीजिये। प्रातःकाल पुनः आपके दर्शन के लिये आऊँगा।" इस प्रकार मुनि से आज्ञा ले राजा जनक अपने मन्त्रियों सहित विदा हुये। विश्वामित्र जी भी दोनों राजकुमारों के साथ अपने निश्चित स्थान के लिये चल पड़े।

• धनुष यज्ञ

मिथिला नरेश के वहाँ से विदा हो जाने पर ऋषि विश्वामित्र राम और लक्ष्मण को लेकर यज्ञ मण्डप में गये। यज्ञ मण्डप को अत्यंत सुरुचि के साथ सजाया गया था। उस भव्य मण्डप को देखकर लगता था मानों वह देवराज इन्द्र का दरबार हो। देश देशान्तर के राजा-महाराजाओं के बैठने की अति सुन्दर व्यवस्था की गई थी। मण्डप के ऊपर बहुमूल्य रत्नों से बने झालरयुक्त आकर्षक वस्त्रों का वितान तना हुआ था। वितान के चारों ओर फहरते हुये पताके मिथिलापति की कीर्ति को प्रदर्शित कर रहे थे। बीच-बीच में रत्नजटित स्तम्भ बनाए गए थे। वेदपाठी ब्राह्मण एवं तपस्वी शान्ति पाठ कर रहे थे। देदीप्यमान वस्त्राभूषणों को धारण किये राजकुमार अपने अपने आसनों पर विराजमान थे। ऐसा लग रहा था मानों सैकड़ों इन्द्र अपने वैभव और सौन्दर्य का प्रदर्शन करने के लिये महाराज जनक की यज्ञ

भूमि में एकत्रित हुये हों। इस सौन्दर्य का अवलोकन करने के लिये जनकपुर की लावण्यमयी रमणियाँ अपने घरों के झरोखों से झाँक रही थीं।

गर्जन-तर्जन करते हये पिनाक को इस मनोमुग्धकारी वातावरण में यज्ञ भूमि में लाया गया। सभी की उत्सुक दृष्टि उसी ओर घूम गई। सहस्त्रों व्यक्ति उस धनुष को एक विशाल गाड़ी में धीरे-धीरे खींच रहे थे। उस विशालकाय बज्र के समान धनुष को देखकर बड़े-बड़े बलवानों का धैर्य छूटने लगा और पसीना आने लगा। पिनाक को यथास्थान पर स्थापित कर दिया गया। राजा जनक के ज्येष्ठ पुत्र सीता एवं उनकी सहेलियों को साथ लेकर धनुष के पास आये और बोले, "हे सम्पूर्ण संसार के राजाओं और राजकुमारों! महाराज जनक ने प्रतिज्ञा की है कि जो कोई भी महादेव जी के इस पिनाक नामक धनुष की प्रत्यंचा को चढ़ायेगा उसके साथ मिथिलापति महाराज जनक अपनी राजकुमारी सीता का विवाह कर देंगे।"

राजा जनक की इस प्रतिज्ञा को सुनकर राजा और राजकुमार बारी बारी से उस धनुष पर प्रत्यंचा चढ़ाने के लिये आये किन्तु भरपूर प्रयास करके भी उस पर प्रत्यंचा चढ़ाना तो दूर उसे हिला भी न सके। अन्त में वे लज्जित हो सिर झुका कर तथा श्रीहीन होकर इस प्रकार अपने-अपने आसनों पर लौट गये जैसे कि नागराज अपनी मणि गवाँकर लौट आते हैं। इस प्रकार एक-एक करके सब राजाओं और राजकुमारों को विफल मनोरथ होकर लौटता देख महाराज जनक को बहुत दुःख हुआ। उन्होंने बड़ी निराशा के साथ मर्मभेदी स्वर में कहा, "सम्पूर्ण संसार के विख्यात शक्तिशाली योद्धा यहाँ विद्यमान हैं, किन्तु बड़े दुःख की बात है कि उनमें से कोई भी पिनाक पर प्रत्यंचा नहीं चढ़ा सका। उनकी इस असफलता को देखकर ऐसा प्रतीत होता है कि पृथ्वी शूरवीर क्षत्रियों से खाली हो गई है। यदि मुझे पहले से ज्ञात होता कि अब इस संसार में वास्तव में कोई क्षत्रिय योद्धा नहीं रहा है तो मैं न तो धनुष यज्ञ का अनुष्ठान करता और न ऐसी प्रतिज्ञा करता। लगता है कि मेरी पुत्री सीता आयुपर्यन्त कुँवारी रहेगी। परमात्मा ने उसके भाग्य में विवाह लिखा ही नहीं है।"

महाराज जनक की यह बात सुनकर उन सभी राजाओं और राजकुमारों ने, जो अपनी असफलता से पहले ही लज्जित हो रहे थे, क्षुब्ध मन से दृष्टि नीचे झुका लिया। राजा जनक के द्वारा की गई इस भर्त्सना का उनके पास कोई उत्तर न था। परन्तु अयोध्या के छोटे राजकुमार लक्ष्मण को मिथिलापति द्वारा समस्त क्षत्रियों पर लगाया गया लांछन सहन नहीं हुआ। कुपित होकर उन्होंने अपनी भृकुटि चढ़ा ली और तीखे शब्दों में बोले, "हे मिथिला के स्वामी राजा जनक! आपके ये शब्द सर्वथा अनुचित और सूर्यकुल तथा रघुवंश का अपमान करने वाले हैं। आश्चर्य है कि आपने ऐसे अपमानजनक शब्द कहने का साहस कैसे किया? जहाँ प्रतापी सूर्यकुल का साधारण व्यक्ति विद्यमान हो वहाँ भी कोई इस प्रकार तिरस्कार भरे शब्द कहने से पूर्व अनेक बार उस पर विचार करता है, फिर यहाँ तो सूर्यकुल के मणि श्री रामचन्द्र साक्षात् विराजमान हैं। आप शिव के इस पुराने पिनाक की इतनी गरिमा सिद्ध करना चाहते हैं। मैं बिना किसी अभिमान के कह सकता हूँ कि इस पुराने धनुष की तो

बात ही क्या है, यदि मैं चाहूँ तो अपनी भुजाओं के बल से इस धनुष के स्वामी महादेव सहित सम्पूर्ण सुमेरु पर्वत को हिला कर रख दूँ। इस विशाल पृथ्वी को अभी इसी समय रसातल में पहुँचा दूँ।" ऐसा कहते हुये लक्ष्मण के नेत्र क्रोध से लाल हो गये, उनकी भुजाएँ फड़कने लगीं और उनका सम्पूर्ण शरीर क्रोध की ज्वाला के कारण थर थर काँपने लगा।

- ### राम द्वारा धनुष भंग

लक्ष्मण को अत्यन्त क्रुद्ध एवं आवेश में देख कर राम ने संकेत से उन्हें अपने स्थान पर बैठ जाने का निर्देश दिया और गुरु विश्वामित्र की ओर देखने लगे मानो पूछ रहे हों के वर्तमान परिस्थिति में मुझे क्या करना चाहिये। विश्वामित्र ने कहा, "वत्स! लक्ष्मण ने सूर्यकुल की जिस मर्यादा एवं गौरव वर्णन किया है वह सत्य है। अब तुम धनुष पर प्रत्यंचा चढ़ाकर लक्ष्मण के वचन को सिद्ध कर के दिखाओ।"

गुरु की आज्ञा पाकर रामचन्द्र मन्द गति से पग बढ़ाते हुये शिव जी के धनुष के पास पहुँचे। राम को धनुष की ओर जाते देख सीता और उनकी सखियाँ तथा जनकपुरी के समस्त दर्शकगण अत्यन्त प्रसन्न हुये। किन्तु उनकी प्रसन्नता को संशय ने घेर लिया। वे सोचने लगे कि जब विश्वविख्यात शक्तिशाली राजा और राजकुमार इस शिव जी के धनुष को हिला नहीं सके तो राम जैसे सुकुमार किशोर पिनाक की प्रत्यंचा चढ़ाने में कैसे सफल हो सकेंगे? सीता भी मन ही मन परमात्मा से प्रार्थना करने लगीं कि हे सर्वशक्तिमान! इन्हें इनके उद्देश्य में सफलता प्रदान करने की दया कीजिये। मेरा हृदय भी इनकी ओर आकर्षित हो गया है। अतः इसकी लाज भी आपको ही रखनी है। हे प्रभो! आप अपनी अद्भुत शक्ति से इस धनुष को इतना हल्का कर दीजिये कि यह सरलता से उनके द्वारा उठाया जा सके।

धनुष के पास पहुँचकर राम ने धनुष को बीच से पकड़कर सरलता के साथ उठा लिया और खेल ही खेल में उस पर प्रत्यंचा चढ़ा दी। प्रत्यंचा चढ़ाकर ज्योंही उन्होंने धनुष की डोर पकड़कर कान तक खींची त्योंही वह धनुष भयंकर शोर मचाता हुआ तड़तड़ा कर टूट गया। उस नाद से अधिकांश दर्शक मूर्छित होकर भूमि पर गिर पड़े। सिर्फ विश्वामित्र, राजा जनक, राम, लक्ष्मण आदि कुछ ही ऐसे लोग थे जिन पर इस भयंकर स्थिति का कोई प्रभाव नहीं पड़ा। कुछ काल पश्चात् जब सबकी मूर्छा दूर हुई तो वे राम की सराहना करने लगे।

धनुष भंग हो जाने पर राजा जनक ने विश्वामित्र से कहा, "मुनिवर! मेरी प्रतिज्ञा पूर्ण हुई इसलिये अब मैं सीता का विवाह रामचन्द्र के साथ करना चाहता हूँ। मुझे अपने मंत्रियों और पुरोहित को विवाह का संदेश लेकर महाराजा दशरथ के पास अयोध्या भेजने की आज्ञा दें।"

विश्वामित्र प्रसन्न होकर बोले, "राजन्! आपका ऐसा ही करना ही उचित है। अपने मंत्रियों को यह भी आदेश दे दें कि वे राजा दशरथ को सन्देश दे दें कि दोनों राजकुमार कुशलपूर्वक यहाँ पहुँच गये हैं।"

विश्वामित्र के वचनों से सन्तुष्ट होकर मिथिलापति जनक ने सीता को बुलवाया। वे अपनी सखियों के साथ हाथ में वरमाला लिये मन्थर गति से लजाती हुई वहाँ आईं जहाँ धनुष को तोड़ने के पश्चात श्री रामचन्द्र खड़े थे। सखियों ने मंगल गान प्रारम्भ किया और लज्जा, संकोच एवं हर्ष के भावों से परिपूर्ण सीता जी ने धीरे से श्री राम के गले में वरमाला डाल दी।

• अयोध्या में तैयारियाँ

मिथिलापुरी से अयोध्या तक का मार्ग तीन दिनों में तय करके महाराज जनक के मन्त्री राजा दशरथ के दरबार में पहुँचे। रत्नजटित सिंहासन पर विराजमान महाराज दशरथ का सादर अभिवादन करने के पश्चात् मिथिला के मन्त्री ने कहा, "हे राजन्! मिथिला नरेश ने आपका कुशल समाचार पूछा है और महर्षि विश्वामित्र की आज्ञा से उन्होंने आपके पास यह संदेश भेजा है कि समस्त संसार को ज्ञात है कि मिथिला के राजा जनक की पुत्री सीता अत्यन्त रूपवती, लावण्यमयी एवं समस्त सद्गुणों से सम्पन्न है। राजा जनक ने अपने यहाँ एक यज्ञ किया था। उसमें उन्होंने यह प्रतिज्ञा की थी कि जो कोई भी भगवान शंकर के विख्यात धनुष पिनाक पर प्रत्यंचा चढ़ा देगा उसके साथ वे राजकुमारी सीता का विवाह कर देंगे। उस यज्ञ में महामुनि विश्वामित्र राम और लक्ष्मण दोनों राजकुमारों के साथ जनक पुरी पधारे। राम ने धनुष पर प्रत्यंचा ही नहीं चढ़ा दी, बल्कि उस धनुष के दो टुकड़े भी कर दिये। इस प्रकार उन्होंने अपने अद्वितीय पराक्रम से सीता को प्राप्त कर लिया है। अतः राजा जनक ने आपसे सादर अनुरोध करते हुये यह संदेश भेजा है कि आप अपने समस्त परिजनों, बन्धु-बांधवों, मन्त्रियों एवं पुरोहितों तथा गुरु वशिष्ठ के साथ शीघ्र बारात लेकर मिथिला पधारने की कृपा करें ताकि राजकुमार श्री रामचन्द्र के साथ सौभाग्यकांक्षिणी सीता का विवाह वैदिक रीति से सम्पन्न हो सके और मिथिलेश कन्या के ऋण से उऋण हो सकें।

इस शुभ संदेश को सुनकर महाराज दशरथ अत्यन्त प्रसन्न हुये। राम लक्ष्मण की कुशलता एवं अद्भुत पराक्रम का समाचार सुनकर उनका हृदय विभोर हो गया। वे मन्त्रियों से बोले, "मन्त्रिवर! हमारा हृदय राम और लक्ष्मण से मिलने के लिये बहुत व्याकुल हो रहा है इसलिये आप शीघ्र ही परिजनों एवं दरबार के सभासदों के साथ जनक पुरी चलने की व्यवस्था कीजिये। समस्त बन्धु-बांधवों, राज्य के प्रतिष्ठित सेठ-साहूकारों, विद्वानों आदि सब को बारात में चलने के लिये निमन्त्रण पत्र भिजावाइये। सेनापति जी से कहिये कि वे शीघ्र चतुरंगिणी सेना को तैयार होने का आदेश दें। यदि सम्भव हो तो ऐसी व्यवस्था कीजिये कि हम सब लोग कल ही प्रस्थान कर सकें क्योंकि हमारे समधी मिथिला नरेश ने हमसे बहुत शीघ्र मिथिला पुरी पहुँचने का आग्रह किया है। साथ ही परम पूज्य राजगुरु वशिष्ठ जी, वामदेव, जाबालि, कश्यप, मार्कण्डेय, महर्षि कात्यायन आदि ऋषि-मुनियों से भी यह प्रार्थना करें कि वे कल प्रातःकाल ही हम लोगों के चलने से पहले ही जनक पुरी के लिये

प्रस्थान कर जायें। इस बीच में हम तीनों महारानियों को यह शुभ समाचार देने के लिये जाते हैं।" इतना कह कर राजा दशरथ ने मन्त्रियों को आदेश दिया कि वे मिथिला से आये हुये अतिथियों का उचित सत्कार करें और उनके खान पान, ठहरने आदि का समुचित प्रबन्ध करें। इसके पश्चात् वे स्वयं राजप्रासाद के अन्तःपुर में पहुँचे और तीनों रानियों को बुलाकर यह शुभ संवाद सुनाया। शीघ्र ही यह समाचार सम्पूर्ण अयोध्या नगरी में फैल गया। घर-घर में मंगलगान होने लगे। नृत्य-संगीत का आयोजन होने लगा।

महाराज की आज्ञा पाकर मन्त्रीगण तथा भृत्यगण विवाह की तैयारियों में जुट गये। जन-जन के मन में अद्भुत उत्साह था। ऐसा प्रतीत होता था जैसे प्रत्येक व्यक्ति के भीतर विद्युत का संचार हो गया है। सभी लोग अभूतपूर्व द्रुतगति से समस्त कार्यों को सम्पन्न कर रहे थे। अद्र्धरात्रि होते होते चलने की सारी तैयारियाँ पूर्ण हो गईं और दूसरे दिन दल-बल के साथ राजा दशरथ रवाना हो गये। चार दिनों तक चलने के पश्चात् बारात मिथिला पुरी पहुँची। यह ज्ञात होते ही कि अयोध्या नरेश ऋषि-मुनियों, मन्त्रियों, परिजनों एवं अपनी सम्पूर्ण मण्डली के साथ नगर के निकट आ पहुँचे हैं मिथिला नरेश जनक अपने मन्त्रियों, पुरोहित, मुनियों, विद्वानों आदि को साथ लेकर उनकी अगवानी के लिये नगर के मुख्य द्वार पर जा पहुँचे। उन्होंने बड़े आदर के साथ राजा दशरथ की अभ्यर्थना करते हुये कहा, "हे नृपश्रेष्ठ! आपके दर्शन करके मैं कृतज्ञ हुआ और आपके पदार्पण करने से जनक पुरी की भूमि धन्य हुई। आपने सीता को अपनी कुलवधू के रूप में स्वीकार करके मेरे वंश को सम्मानित किया है। यह मेरा अहोभाग्य है कि आज मिथिला पुरी में महर्षि वशिष्ठ, वामदेव, मार्कण्डेय एवं कात्यायन जैसे परम तपस्वी महात्माओं के चरण पड़े हैं। मैं नहीं समझ पा रहा हूँ कि इस असाधारण सम्मान को पाकर किस प्रकार अपने भाग्य की सराहना करूँ।"

इस प्रकार समस्त आगत महानुभावों का सत्कार करके महाराज दशरथ को उनके साथ आये हुये ऋषि-मुनियों, बन्धु-बांधवों, मन्त्रियों एवं सैनिकों को जनवासे में ठहराने की उचित व्यवस्था की। जनवासे में राजा दशरथ बहुत देर तक मुनि विश्वामित्र और अपने दोनों पुत्रों के साथ बैठे हुये उनके कृत्यों और पराक्रम का विवरण सुनते रहे। इस विवरण को सुनकर कभी वे आनन्द से रोमांचित हो जाते, कभी आश्चर्य से दाँतो तले उँगली दबाने लगते और कभी प्रशंसा से अपने राजकुमारों की पीठ थपथपाने लगते। बातचीत करने के पश्चात् भोजनादि से निवृत होकर वे विश्राम करने चले गये।

• **विवाह पूर्व की औपचारिकताएँ**

महाराज जनक के कनिष्ठ भ्राता कुशध्वज सांकाश्यपुरी में रहकर राज्य का प्रबन्ध किया करते थे। सीता के विवाह का समाचार पाकर महाराज वे भी सांकाश्यपुरी से मिथिला आ गये। अपने अग्रज महाराज जनक तथा गुरु शतानन्द जी को प्रणाम करने के पश्चात् वे बोले,

"हे भ्राता! अयोध्यापति पधार चुके हैं इसलिये अब विवाह सम्बंधी कार्यों का शुभारम्भ कर देना चाहिये।"

इस पर जनक जी ने शतानन्द जी से कहा, "हे गुरुवर! भाई कुशध्वज के कहने के अनुसार हमें शुभ रीतियों और विधि-विधानों के अनुसार कार्य प्रारम्भ करना चाहिये। अतः आप शीघ्र जाकर अयोध्यापति महाराज दशरथ को राजकुमारों सहित आदरपूर्वक यहाँ लिवा लाइये।" शतानन्द जी जनवासे में महाराज दशरथ के पास पहुँचे और उनसे आदरपूर्वक बोले, "महाराजाधिराज! मिथिला नरेश महाराज जनक अपने कनिष्ठ भ्राता कुशध्वज, परिजनों एवं समस्त मन्त्रियों के साथ आपके दर्शनों के लिये उत्सुक हैं और अपने दरबार में आपकी प्रतीक्षा कर रहे हैं। इसलिये आप अपने मन्त्रियों सहित पधार कर उन्हें कृतार्थ कीजिये।"

राजा जनक का संदेश पाकर राजा दशरथ गुरु वशिष्ठ, मन्त्रियों एवं राजकुमारों के साथ वहाँ पहुँचे जहाँ राजा जनक उनकी प्रतीक्षा कर रहे थे। मिथिलापति ने खड़े होकर उन सबका स्वागत किया और उन्हें बैठने के लिये यथोचित स्थान प्रदान किया। जब सब अपने-अपने स्थानों पर विराजमान हो गये तो इक्ष्वाकु वंश के गुरु वशिष्ठ जी ने राजकुमारों का गोत्र पढ़ना प्रारम्भ किया जो इस प्रकार था -

"आदि रूप स्वयंभू ब्रह्मा जी से मरीचि का जन्म हुआ। मरीचि के पुत्र कश्यप हुये। कश्यप के विवस्वान् और विवस्वान् के वैवस्वत मनु हुये। वैवस्वत मनु के पुत्र इक्ष्वाकु हुये। इक्ष्वाकु ने अयोध्या को अपनी राजधानी बनाया और इस प्रकार इक्ष्वाकु कुल की स्थापना की। इक्ष्वाकु के पुत्र कुक्षि हुये। कुक्षि के पुत्र का नाम विकुक्षि था। विकुक्षि के पुत्र बाण और बाण के पुत्र अनरण्य हुये। अनरण्य से पृथु और पृथु से त्रिशंकु का जन्म हुआ। त्रिशंकु के पुत्र धुन्धुमार हुये। धुन्धुमार के पुत्र का नाम युवनाश्व था। युवनाश्व के पुत्र मान्धाता हुये और मान्धाता से सुसन्धि का जन्म हुआ। सुसन्धि के दो पुत्र हुये – ध्रुवसन्धि एवं प्रसेनजित। ध्रुवसन्धि के पुत्र भरत हुये। भरत के पुत्र असित हुये और असित के पुत्र सगर हुये। सगर के पुत्र का नाम असमञ्ज था। असमञ्ज के पुत्र अंशुमान तथा अंशुमान के पुत्र दिलीप हुये। दिलीप के पुत्र भगीरथ हुये, इन्हीं भगीरथ ने अपनी तपोबल से गंगा को पृथ्वी पर लाया। भगीरथ के पुत्र ककुत्स्थ और ककुत्स्थ के पुत्र रघु हुये। रघु के अत्यंत तेजस्वी और पराक्रमी नरेश होने के कारण उनके बाद इस वंश का नाम रघुवंश हो गया। रघु के पुत्र प्रवृद्ध हुये जो एक शाप के कारण राक्षस हो गये थे, इनका दूसरा नाम कल्माषपाद था। प्रवृद्ध के पुत्र शंखण और शंखण के पुत्र सुदर्शन हुये। सुदर्शन के पुत्र का नाम अग्निवर्ण था। अग्निवर्ण के पुत्र शीघ्रग और शीघ्रग के पुत्र मरु हुये। मरु के पुत्र प्रशुश्रुक और प्रशुश्रुक के पुत्र अम्बरीष हुये। अम्बरीष के पुत्र का नाम नहुष था। नहुष के पुत्र ययाति और ययाति के पुत्र नाभाग हुये। नाभाग के पुत्र का नाम अज था। अज के पुत्र दशरथ हुये और दशरथ के ये चार पुत्र रामचन्द्र, भरत, लक्ष्मण तथा शत्रुघ्न हैं।"

इक्ष्वाकु कुल का वर्णन करने के पश्चात् वशिष्ठ जी ने कहा, "हे राजन्! अब आप भी अपनी वंश परम्परा का परिचय दीजिये क्योंकि विवाह जैसे मांगलिक अवसरों पर दोनों ही

कुल अपने-अपने वंश का परिचय देते हैं।"

महाराज जनक बोले, "महर्षि! आपने सर्वथा उचित बात कही है। अब मैं भी अपने कुल का परिचय देता हूँ। प्राचीन काल में निमि नामक एक धर्मात्मा राजा थे। उनके मिथि नामक पुत्र हुआ जिन्होंने मिथिला बसाई। मिथि के पुत्र का नाम जनक था, उन्हीं के नाम पर मिथिला के राजा लोग जनक कहलाते हैं। जनक के पुत्र उदावसु और उदावसु के पुत्र नन्दिवर्धन हुये। नन्दिवर्धन के पुत्र का नाम शूरवीर था। शूरवीर के पुत्र सुकेतु और सुकेतु के पुत्र देवरात हुये। देवरात के पुत्र का नाम बृहद्रथ था। बृहद्रथ के पुत्र महावीर और महावीर के पुत्र सुधृति हुये। सुधृति के पुत्र का नाम धृष्टकेतु था। धृष्टकेतु के पुत्र हर्यश्व और हर्यश्व के पुत्र मरु हुये। मरु के यहाँ प्रतीन्धक की उत्पत्ति हुई। प्रतीन्धक के पुत्र कीर्तिरथ, कीर्तिरथ के पुत्र देवमीढ़, देवमीढ़ के पुत्र विबुध और विबुध के पुत्र महीन्धक हुये। महीन्धक के पुत्र का नाम कीर्तिरथ था। कीर्तिरथ के पुत्र महारोमा, महारोमा के पुत्र स्वर्णरोमा और स्वर्णरोमा के पुत्र ह्रस्वरोमा हुये। ह्रस्वरोमा के दो पुत्र हुये। उनमें से बड़ा मैं हूँ और मुझसे छोटा कुशध्वज है। हम दोनों भाई इसी प्रदेश में रहकर राजकाज सम्भालते थे। कुछ काल पहले सांकाश्य के पराक्रमी राजा सुधन्वा ने मिथिला पर आक्रमण कर दिया। वह चाहता था कि मैं सीता का विवाह उसके साथ कर दूँ। मैंने उसकी माँग पूरी नहीं की इसलिये उसके साथ मेरा युद्ध हुआ जिसमें सुधन्वा मेरे हाथ से मारा गया। तब से मेरा कनिष्ठ भ्राता कुशध्वज सांकाश्य पर शासन करता है और मैं मिथिला पर। मैं अपनी बड़ी पुत्री सीता का विवाह राजकुमार रामचन्द्र के साथ और छोटी पुत्री उर्मिला का विवाह उनके कनिष्ठ भ्राता लक्ष्मण के साथ करना चाहता हूँ। मैं तीन बार इस बात को दुहराकर अपनी दोनों कन्याएँ आपको वधुओं के रूप में समर्पित करता हूँ।" फिर वे राजा दशरथ से कहने लगे, "हे नृपश्रेष्ठ! अब आप इनसे गौ दान कराकर नान्दीमुख श्राद्ध का कार्य सम्पन्न कीजिये। इसके पश्चात् लोक प्रचलित पद्धति के अनुसार विवाह का कार्य आरम्भ कीजिये। यह अवसर सर्वथा उपयुक्त एवं कल्याणकारी है। आज मघा नक्षत्र है, आज से तीसरे दिन फाल्गुनी नक्षत्र होगा। इससे अधिक उपयुक्त समय विवाह के लिये दूसरा नहीं हो सकता। आप इन दोनों भाइयों के अभ्युदय के लिये गौ, भूमि, स्वर्ण, तिल आदि का दान कराइये।"

राजा जनक के कथन समाप्त होने पर महामुनि विश्वामित्र बोले, "हे राजन्! आप और राजा दशरथ दोनों के ही कुल पूर्णतया धर्मपरायण, कीर्तियुक्त एवं समान हैं। अतः इन दोनों कुलों में विवाह सम्बंध सर्वथा उपयुक्त है। सीता और उर्मिला भी राम और लक्ष्मण के सर्वथा उपयुक्त हैं। आपके कनिष्ठ भ्राता कुशध्वज भी आपकी ही भाँति धर्मपरायण एवं प्रतिभासम्पन्न हैं। इनकी भी दो रूपवती, सुन्दर एवं विवाह योग्य कन्याएँ हैं। हे नरश्रेष्ठ! मैं चाहता हूँ उनका भी विवाह महाराज दशरथ के दो योग्य और पराक्रमी पुत्रों, भरत और शत्रुघ्न, के साथ हो जाये।"

विश्वामित्र की बात सुनकर जनक बोले, "हे मुनिवर! आपके इस आदेश को स्वीकारते हुये मैं अपने कुल को धन्य समझता हूँ। आप भरत और शत्रुघ्न को आज्ञा दीजिये कि वे

कुशध्वज की दोनों कन्याओं, माण्डवी एवं श्रुतकीर्ति, को अपनी-अपनी पत्नी के रूप में स्वीकार करें।

इसके बाद मिथिला नरेश से अनुमति लेकर राजा दशरथ वशिष्ठ जी और विश्वामित्र जी के सा जनवासे में लौट गये। दूसरे दिन चारों राजकुमारों ने याचकों को एक एक लाख स्वर्ण मण्डित सींगों वाली गौएँ दान दीं और भी बहुत सारा धन, आभूषण, रत्न आदि ब्रह्मणों को दान दिये।

- **विवाह**

दान आदि से निवृत होकर महाराज दशरथ मिथिलेश के राजभवन में जाने की तैयारी करने लगे। तभी भरत के मामा अर्थात् राजा कैकेय के पुत्र युधाजित वहाँ आ पहुँचे। अभिवादन तथा कुशल समाचार जानने की औपचारिकता के पश्चात् उन्होंने कैकेय नरेश का सन्देश देते हुये कहा, "महाराज! हमारे पिताजी को भरत को देखने की उत्कट इच्छा हो रही है। अतः कृपा करके आप कुछ दिन के लिये भरत को मेरे साथ उनके ननिहाल भेज दें। इस संदेश को लेकर मैं अयोध्या गया था किन्तु वहाँ पर ज्ञात हुआ कि आप जनक पुरी गये हुये हैं इसलिए मैं भी यहाँ आ गया। महारज दशरथ ने युधाजित का समुचित सत्कार किया और उन्हें सारा वृत्तान्त सुनाया फिर उन्हें लेकर ऋषियों, मन्त्रियों एवं बन्धु-बान्धवों सहित यज्ञशाला के द्वार पर पहुँचे। थोड़ी देर बाद नाना प्रकार के आभूषणों को धारण किये हुये रामचन्द्र अपने भाइयों भरत, लक्ष्मण और शत्रुघ्न के साथ उनके पास आकर खड़े हो गये। गुरु वशिष्ठ ने जनक के पास जाकर कहा, "हे विदेहराज! महाराज दशरथ अपने पुत्रों के साथ अन्दर आने की अनुमति चाहते हैं।"

इस पर महाराज जनक बोले, "हे महर्षि! इस प्रकार अनुमति माँग कर वे मुझे क्यों लज्जित कर रहे हैं। वे अयोध्या के ही नहीं मिथिला पुरी के भी स्वामी हैं और मैं तो उनका अकिंचन दास हूँ। क्या कभी स्वामी अपने सेवक से आज्ञा माँगता है? उनसे कहिये चारों कन्याएँ विवाह वेदी पर प्रतीक्षारत हैं। वे निःसंकोच अन्दर पधारने का कष्ट करें। शुभ लग्न का समय भी हो रहा है। मैं स्वयं चलकर उन्हें सादर ले आता हूँ। इतना कहकर वे महाराज दशरथ के पास पहुँचे और उन सबको यज्ञ स्थल में ले आये। सबको यथोचित आसन देकर जनक ने उनकी पूजा की। फिर वशिष्ठ जी से बोले, "हे ब्रह्मर्षि! आप इन ऋषि-मुनियों के साथ विवाह कार्य सम्पन्न कराइये। आपसे अधिक योग्य पुरोहित और कौन हो सकता है?"

गुरु वशिष्ठ, महर्षि विश्वामित्र और मिथिला के राजपुरोहित शतानन्द विवाह कार्य सम्पन्न कराने लगे। सबसे पहले वैदिक विधि के अनुसार विवाह के लिये वेदी का निर्माण कराया गया। फिर अनेक प्रकार के सुगन्धयुक्त फूलों से उसे सजाया गया। कुछ दूरी पर चारों ओर गमले सजाये गये जिनमें चित्त को प्रसन्न करने वाली सुगन्धित रंग बिरंगे फूल लगे हुये

थे। वेदी के निकट कई स्थानों पर स्वर्ण पात्रों में धूप, केशर, नैवेद्य, अक्षत, घी, दही, शहद आदि सामग्री रखी हुई थी। यज्ञ सम्पन्न कराने वाले महानुभावों के लिये कुश के आसन बिछा दिया गये। गुरु वशिष्ठ एवं अन्य महर्षियों ने वेद मन्त्रों का उच्चारण करते हुये हवन कुण्ड में अग्नि प्रज्जवलित की। फिर वशिष्ठ जी के आदेश पर राजप्रासाद की महिलाओं ने जनककुमारी सीता को लाकर यज्ञ वेदी के निकट खड़ा कर दिया। उस समय सीता जी का मुखमण्डल प्रातःकालीन बाल रवि की भाँति अनुपम सौन्दर्य से देदीप्यमान हो रहा था। नख से शिख तक वे बहुमूल्य रत्नजटित आभूषणों से सजी हुई थीं। संक्षेप में कहा जाय तो उस समय सीता की छवि को देखकर करोड़ रतियों का संयुक्त रूप भी नगण्य प्रतीत होता था। सीता इन सब बातों से अनजान दृष्टि झुकाये एकटक पृथ्वी को निहार रही थीं।

महाराज जनक अपनी लाडली पुत्री सीता को श्री रामचन्द्र के निकट खड़ा करके विनीत स्वर में बोले, "हे रघुकुलतिलक रामचन्द्र! मैं अपनी पुत्री सीता का हाथ आपके सशक्त हाथों में सौंपते हुये यह कामना करता हूँ कि मेरी पुत्री आपकी अर्द्धांगिनी होकर सदैव छाया की भाँति आपका अनुसरण करती रहे। अतः हे कौशल्याकुमार! इसे आप अपनी पत्नी के रूप में स्वीकार कीजिये। आज से यह आपके सुख-दुःख की संगिनी हुई। यह कहकर राजा जनक ने अंजलि में संकल्प के लिये लिया हुआ जल वेद मन्त्रों से पवित्र करके हृदय की सम्पूर्ण भावनाओं के साथ छोड़ दिया। महिलायें मंगलगान करने लगीं। मृदंग दुंदुभी तथा नाना प्रकार के वाद्य यन्त्रों का सुमधुर स्वर चारों ओर गूंजकर इस हर्ष पूर्ण घटना की सूचना देने लगा।

राम और सीता के विवाह के सम्पन्न हो जाने के पश्चात् लक्ष्मण, भरत और शत्रुघ्न का विवाह उर्मिला, माण्डवी और श्रुतकीर्ति के साथ वैदिक विधि विधान से सम्पन्न कराया गया। राजा जनक अपने नेत्रों में स्नेहपूर्ण अश्रु भर कर बोले, "हे अयोध्या के राजकुमारों! आप चारों भाई सूर्यकुल के गौरव, पराक्रमी, धर्मपरायण, तेजस्वी, सौम्य, विद्वान एवं सदाचार के गुणों से मण्डित हैं। जनक पुरी के इस राजकुल की हार्दिक कामना है कि उसकी ये चारों कन्याएँ गुण, कर्म, स्वभाव से आपके अनुकूल बनकर सब प्रकार से आपकी सुयोग्य अद्धाँगिनियाँ सिद्ध हों। इसके पश्चात् वशिष्ठ जी की आज्ञा से चारों राजकुमारों ने अपने अपनी नवविवाहित पत्नियों के साथ अग्नि की प्रदक्षिणा की।

विवाह सम्पन्न होने के पश्चात् महाराज दशरथ समस्त मन्त्रियों, ऋषि-मुनियों और सपत्नीक राजकुमारों के साथ अपने ठहरने के स्थान पर चले गये। जनक पुरी में रात्रि विश्राम करके प्रातःकाल मुनि विश्वामित्र विदा लेकर उत्तराखण्ड की ओर चले गये। महाराज जनक ने दहेज के रूप में असंख्य दास दासियाँ, हाथी, घोड़े, गौएँ, रत्नजटित आभूषण, वस्त्र, बर्तन आदि नाना प्रकार की वस्तुयें देकर अयोध्यापति दशरथ को विदा किया और उन्हें पहुँचाने के लिये नगर के द्वार तक आये। वे हाथ जोड़ कर बड़ी नम्रता के साथ बोले, "हे राजन्! मुझे सब प्रकार से अपना दास समझकर मुझ पर कृपा बनाये रखिये। मैं एक बार फिर आभारपूर्वक कहना चाहता हूँ कि आपने मेरे कुल के साथ सम्बंध स्थापित करके मुझे

गौरवान्वित किया है। मेरी कन्याएँ आपकी आज्ञाकारिणी एवं दोनों कुलों का गौरव बढ़ाने वाली हों। यही मेरी मनोकामना है।" फिर उन्होंने तथा कुशध्वज ने अश्रुपूर्ण नेत्रों से चारों कन्याओं को आशीर्वाद देते हुये विदा किया।

- **परशुराम जी का आगमन**

राजा दशरथ ने राजकुमारों, उनकी पत्नियों, ऋषि-महर्षियों, मन्त्रियों एवं परिजनों के साथ अयोध्या के लिये प्रस्थान किया। प्रस्थान करते ही सभी ओर भयंकर शब्द करने वाले पक्षियों आवाजें सुनाई देने लगीं। पृथ्वी पर विचरण करने वाले वन्य पशु उनकी बाँईं ओर दौड़ने लगे। इस पर दशरथ ने वशिष्ठ जी से कहा, "गुरुदेव! यह कैसी माया है। जहाँ पक्षियों का भयंकर स्वर अपशकुन का सूचक है वहीं मृगों का बाँयें होकर जाना शुभ शकुन की सूचना देता है। दोनों प्रकार के शकुन एक साथ क्यों हो रहे हैं?"

महाराज दशरथ के इस प्रश्न के उत्तर में वशिष्ठ जी बोले, "पक्षियों के भयंकर ध्वनि से ज्ञात होता है कि कोई भय उत्पन्न करने वाली घटना घटने वाली है और मृग आदि पशुओं के इस प्रकार जाने से पता चलता है कि वह भयानक घटना सरलता से शान्त हो जायेगी। इसलिये आप किसी प्रकार की चिन्ता न करें।"

यह वार्तालाप अभी चल ही रहा था कि बड़े जोरों की आँधी आई परिणामस्वरू वृक्ष पृथ्वी पर गिरने लगे। तभी राजा दशरथ को भृगुकुल के ऋषि परशुराम दृष्टिगत हुए। उनकी वेशभूषा बड़ी भयंकर थी। बड़ी बड़ी जटायें उनके तेजस्वी मुख पर बिखरी हुई थीं नेत्रों में क्रोध की लालिमा थी। कन्धे पर कठोर फरसा और हाथों में धनुष बाण थे। ऋषियों ने आगे बढ़ कर उनका स्वागत किया और इस स्वागत को स्वीकार करने के उपरान्त वे श्री रामचन्द्र से बोले "दशरथनन्दन राम! हमें ज्ञात हुआ है कि तुम बड़े पराक्रमी हो और तुमने शिव जी के धनुष को भंग कर दिया है और इस प्रकार तुमने अपूर्व ख्याति प्राप्त की है। मैं तुम्हारे लिये एक और अच्छा धनुष लाया हूँ। यह धनुष साधारण नहीं है बल्कि जमदग्निकुमार परशुराम का है। इस पर बाण चढ़ाकर तुम अपने शौर्य का परिचय दो। तुम्हारे बल और शौर्य को देखने के पश्चात् मैं तुमसे द्वन्द्व युद्ध करूँगा।

परशुराम की बात सुनकर राजा दशरथ विनीत स्वर मे बोले, "भगवन्! आप वेदविद् स्वाध्यायी ब्राह्मण हैं। क्षत्रियों का विनाश करके आप बहुत पहले ही अपने क्रोध को शान्त कर चुके हैं। आपने इन्द्र के समक्ष प्रतिज्ञा करके अस्त्र-शस्त्र का परित्याग भी कर दिया है। इसलिये हे ऋषिराज! आप इन बालकों को अभय दान दीजिये। यदि आपके हाथों राम मारा गया तो हममें से कोई भी उसके वियोग में जीवित नहीं रह सकेगा।"

परशुराम जी ने दशरथ की बात पर कुछ भी ध्यान नहीं दिया। वे राम से बोले, "राम! संसार में केवल दो ही धनुष सर्वश्रेष्ठ माने जाते हैं। सारा संसार उनका सम्मान करता हैं।

विश्वकर्मा ने उन दोनों को स्वयं अपने हाथों से बनाया था। उनमें से एक भगवान शिव के पास था और उसी से भगवान शिव ने त्रिपुरासुर का वध किया था। तुमने उसी धनुष को तोड़ डाला है। दूसरा दिव्य धनुष मेरे हाथ में है। यह भगवान विष्णु का धनुष है। यह भी पिनाक की भाँति ही शक्तिशाली है। एक बार शिव और विष्णु में भयंकर युद्ध हुआ। विष्णु को देवताओं ने श्रेष्ठ मानकर शान्त किया। शान्त होने पर विष्णु ने भृगुवंशी ऋचीक मुनि को धरोहर के रूप में वह धनुष दे दिया। अपने पूर्वपुरुषों से यह धनुष मुझे प्राप्त हुआ है। अब तुम एक क्षत्रिय के नाते इस धनुष को लेकर इस पर बाण चढ़ाओ और सफल होने पर मेरे साथ द्वन्द्व युद्ध करो।"

इस प्रकार से परशुराम के द्वारा बार-बार ललकारे जाने पर रामचन्द्र बोले, "हे भार्गव! मैं ब्राह्मण समझकर आपका सम्मान कर रहा हूँ और आपके समक्ष कुछ विशेष बोल नहीं रहा हूँ। किन्तु आप मेरी इस विनयशीलता को पराक्रमहीनता एवं कायरता समझ रहे हैं और मेरा तिरस्कार कर रहे हैं। लाइये, धनुष बाण मुझे दीजिये।"

यह कह कर उन्होंने झपटकर परशुराम के हाथ से धनुष बाण ले लिये और धनुष पर बाण चढ़ाकर बोले, "हे भृगुनन्दन! ब्राह्मण होने के कारण आप मेरे पूज्य हैं। इसीलिये इस बाण को मैं आप पर नहीं छोड़ सकता। परन्तु धनुष पर चढ़ने के बाद यह बाण कभी निष्फल नहीं जाता। इसका कहीं न कहीं उपयोग करना अनिवार्य हो जाता है। इसलिये मैं इस बाण को छोड़ कर आपकी शीघ्रतापूर्वक सर्वत्र आने-जाने की शक्ति को नष्ट किये देता हूँ।"

श्री राम की बात सुनकर शक्तिहीन हो गए परशुराम जी विनयपूर्वक कहने लगे, "बाण छोड़ने से पूर्व मेरी एक बात सुन लीजिये। क्षत्रियों को नष्ट करके मैंने यह भूमि कश्यप जी को दान में दी थी। उस समय उन्होंने मुझसे कहा था कि अब तुम्हें पृथ्वी पर नहीं रहना चाहिये क्योंकि तुमने पृथ्वी का दान कर दिया है। तभी से मैं गुरुवर कश्यप जी की आज्ञा का पालन करता हुआ कभी भी रात्रि में पृथ्वी पर वास नहीं करता। अतः हे राम! कृपा करके मेरी गमन शक्ति को नष्ट मत करो। मैं मन के समान गति से महेन्द्र पर्वत पर चला जाऊँगा। मुझे ज्ञात है कि इस बाण का प्रयोग निष्फल नहीं जाता, इसलिये आप इस बाण के द्वारा उन अनुपम लोकों को नष्ट कर दें जिन पर मैंने अपनी तपस्या से विजय प्राप्त की है। आपने जिस सरलता से इस धनुष पर बाण चढ़ा दिया है, उससे मुझे विश्वास हो गया है कि आप मधु राक्षस का संहार करने वाले साक्षत विष्णु हैं।"

राम ने परशुराम की प्रार्थना को स्वीकार किया और उनके द्वारा तपस्या के बल पर अर्जित समस्त पुण्यलोकों को नष्ट कर दिया। इसके पश्चात् परशुराम जी तपस्या करने के लिये महेन्द्र पर्वत पर चले गये और वहाँ उपस्थित सभी ऋषि-मुनियों सहित राजा दशरथ ने रामचन्द्र की भूरि भूरि प्रशंसा की।

- **अयोध्या में आगमन**

परशुराम के जाने के पश्चात् पत्नियोंसहित राजकुमारों, गुरु वशिष्ठ, अन्य ऋषि मुनियों, मन्त्रियों तथा परिजनों के साथ महाराज दशरथ अयोध्या की ओर अग्रसर हुए। मन्त्रियों ने शीघ्र ही दो शीघ्रगामी दूतों को सभी के वापस आने की सूचना देने के लिये अयोध्या भेज दिये। दूतों के अयोध्या पहुँचने तथा सूचना देने पर नगर के सभी चौराहों, अट्टालिकाओं, मन्दिरों एवं महत्वपूर्ण मार्गों को नाना भाँति की रंग-बिरंगी ध्वजा-पताकओं से सजाया गया। राजमार्ग पर बड़े बड़े सुरम्य द्वार बनाये गये और उन्हें तोरणों से सजाया गया। मार्गों में केवड़े और गुलाब आदि का जल छिड़का गया। सुन्दर चित्रों, मांगलिक प्रतीकों वन्दनवारों आदि से हाट बाजारों को भी बड़ी सुरुचि के साथ सजाया गया। एक अभूतपूर्व उल्लास छा गया सारी अयोध्या में। अनेक प्रकार के वाद्य बजने लगे। घर-घर में मंगलगान होने लगे।

यह ज्ञात होने पर कि बारात लौटकर अयोध्या के निकट पहुँच गई है तथा नगर के मुख्य द्वार में प्रवेश करने ही वाली है, सुन्दर, सुकुमार, रूपवती, लावण्यमयी कुमारियाँ अनेक रत्नजटित वस्त्राभूषणों से सुसज्जित होकर आगन्तुकों का स्वागत करने के लिये आरतियाँ लेकर पहुँच गईं। महाराज दशरथ और राजकुमारों के, स्वर्णिम फूलों से सुसज्जित सोने के हौदे वाले हाथियों पर बैठकर, नगर में प्रविष्ट होने पर चारों ओर उनकी जयजयकार होने लगी। ऊँची ऊँची अट्टालिकाओं पर बैठी हुई सुन्दर सौभाग्वती रमणियाँ उन पर पुष्पवर्षा करने लगीं। अयोध्या की नववधुओं – सीता, उर्मिला, माण्डवी और श्रुतकीर्ति – को देखने के लिये अट्टालिकाओं की खिड़कियाँ और छज्जे दर्शनोत्सुक युवतियों, कुमारियों से ही नहीं वरन प्रौढ़ाओं एवं वृद्धाओं से भी खचाखच भर गये।

सवारी के राजप्रसाद में पहुँचने पर राजा दशरथ की समस्त रानियों ने द्वार पर आकर अपनी वधुओं की अगवानी की। महारानी कौशल्या, कैकेयी एवं सुमित्रा ने आगे बढ़कर बारी-बारी से चारों वधुओं को अपने हृदय से लगाया और असंख्य हीरे मोती उन पर न्यौछावर करके उपस्थित याचकों में बाँट दिये। फिर मंगलाचार के गीत गाती हुई चारों राजकुमारों और उनकी अद्धाँगिनियों को राजप्रासाद के अन्दर ले आईं। इस अपूर्व आनन्द के अवसर पर महाराज दशरथ ने दानादि के लिये कोष के द्वार खोल दिये और मुक्त हस्त से नगरवासी ब्राह्मणों को भूमि, स्वर्ण, रजत, हीरे, मोती, रत्न, गौएँ, वस्त्रादि दान में दिये।

राजकुमारों को राजप्रासाद में रहते कुछ दिन आनन्दपूर्वक व्यतीत हो जाने पर महाराज दशरथ ने भरत को बुलाकर कहा, "वत्स! तुम्हारे मामा युधाजित को आये हुये पर्याप्त समय हो गया है। तुम्हारे नाना-नानी तुम्हें देखने के लिये आकुल हो रहे हैं। अतः तुम कुछ दिनों के लिये अपने ननिहाल चले जाओ।" पिता के आदेशानुसार भरत और शत्रुघ्न ने अपनी माताओं तथा राम और लक्ष्मण से विदा लेकर अपने मामा युधाजित के साथ कैकेय देश के लिये प्रस्थान किया।

राम ने अपने सौम्य स्वभाव, दयालुता और सदाचरण से न केवल अपने प्रासाद के निवासियों का बल्कि समस्त पुर के स्त्री-पुरुषों का हृदय जीत लिया था। वे सबकी आँखों के

तारे थे और अत्यंत लोकप्रिय हो गये थे। परिवार के सदस्य उनकी विनयशीलता, मन्त्रीगण उनकी नीतिनिपुणता, नगरनिवासी उनके शील-सौजन्य और सेवकगण उनकी उदारता का बखान करते नहीं थकते थे। इधर सीता के मधुभाषी स्वभाव, सास-ससुर की सेवा, पातिव्रत्य धर्म आदि सद्गुणों ने भी सभी लोगों के मन को मोह लिया। नगर निवासी राम और सीता की युगल जोड़ी को देखकर अत्यन्त प्रसन्न होते थे। उनके प्रेम और सद्व्यवहार की चर्चा घर-घर में की जाती थी।

॥बालकाण्ड समाप्त॥